Business Sense of Numbers Training Book

コンサルタントが
必ず身につける定番スキル

ビジネス

数字思考
トレーニング

長谷川 正人 野村総合研究所

日経BP

コンサルタントは、こうして数字に強くなる

　世間では、コンサルタントは会計はもちろんのこと、ビジネスにまつわる数字全般に強いと見られているようです。

　しかし、みんなが最初から数字に強いかというと、実はそんなことはありません。私は若手コンサルタントに財務会計（会社の数字の読み方）を教える役割を長年務めてきましたが、「数字はどうも苦手で」という人たちもいました。

　そんな彼らも、若いうちからさまざまな業界の顧客企業（クライアント）の仕事を手掛けながら、たくさんのビジネス数字に触れて、数字にくわしくなっていくのです。

　コンサルタントの仕事の範囲は多岐にわたりますが、求められる提案には、次のように必ず数字が入ってきます。

　「クライアント企業と競合他社の強み・弱みを財務面で比較するとどうなるか」

　「この新事業に可能性はあるか、黒字化のためには何年までに売上をいくら、顧客を何人獲得しなければならないか」

　「限られた投資資金をＡ事業とＢ事業のどちらにどう振り分けるべきか」

「○○社を買収候補とした場合、必要な買収金額はどれくらいになりそうか。その投資資金をどうやって調達できるのか」などなど。

クライアントを説得するには論理が必要なことはもちろんです。しかし、その論理の裏付けとなる数字がなければ、お話になりません。

数字には客観性があります。また計測可能で比較可能という性質をもつので、クライアントとの共通認識を形成するのに欠かせないのです。

こうしたスキルは、コンサルタントだけではなく、ビジネスパーソンに必須のものといえるでしょう。

「6つのスキル」で解説

私はこれまで長年コンサルティング会社に勤務しており、自身のコンサルタントとしての経験に加え、証券アナリストの経験・資格ももっています。バブル経済期の1980年代から2024年の現在に至るまで、数多くの企業・ビジネスの消長を見てきました。

また近年では、新人・若手コンサルタントの育成、他社企業の部課長研修、大学院での講義など、会計や財務について教える機会がたくさんありました。幅広い年代、また日本人だけではなく外国籍の方も含めて、多くのみなさんにビジネス数字について教えてきました。

本書はこうした経験を踏まえて、コンサルタントが仕事をする際に、どのような思考プロセスで、どのような会計数字・ビジネス数字を使っているのかを、以下の「6つのスキル」としてまとめたものです。

① ビジネスモデルを読み解くスキル

② 業界構造を読み解くスキル

③ 環境変化を読み解くスキル

④ 決算書を読み解くスキル

⑤ 投資家の視点を読み解くスキル

⑥ 会計数字と事業を関連付けて読み解くスキル

　研修・指導の経験から、多くの人はどこでつまずきやすいのか、どこが誤解されやすいのかもよくわかっています。本書を通じて、多くの読者の方が「数字に強い」ビジネスパーソンになることができればと思います。

　なお、本書に記載の財務データや情報などは2023年12月末までに明らかになった各社の決算情報をはじめとした公表情報に基づいて、筆者が解釈・コメントしています。これらはすべて筆者個人として行っており、筆者が所属する機関などの見解を示すものではありません。また本書中、社名の「ホールディングス」は「HD」と表記しています。

　この本を手に取ってくださったみなさま、そして日経BPのご担当者をはじめ本書を執筆するにあたってご協力いただいたみなさまに、この場を借りて厚くお礼を申し上げます。

2024年2月　長谷川正人

2章 業界構造を読み解くスキル

3章 環境変化を読み解くスキル

4章 決算書を読み解くスキル

5章 投資家の視点を読み解くスキル

1章

ビジネスモデルを
読み解くスキル

1 ビジネスモデルとは

コンサルの現場に新人コンサルタントが配属されると、これから始まる、あるいはすでに動き始めている、顧客企業からコンサルティング会社に依頼される案件に入るよう指示されます。

コンサル業界では顧客企業（依頼企業）のことを「クライアント」、個別案件のことを「プロジェクト」、案件に入ることを「アサイン」されるといいます。

そこで新人は先輩のプロジェクトリーダーから、「明日から○○社の中期経営計画策定のプロジェクトに入ってもらう」「来週から△△社の新サービス展開のプロジェクトに入ってもらう」と言われ、プロジェクトの概要説明を受け、関連資料を読んでおくように指示を受けます。

新人ならば真っ先に次のようなことが気になることはずです。「○○社って、名前は聞いたことはあるけれど具体的にどんな商品・サービスがあって、誰にいくらで売っているんだろうか。顧客は消費者？　企業？　両方？」「××サービスって最近のニュースでもちらほら聞くけど、それって、どういう人がユーザーで、料金はいくらくらいなんだろうか」

この疑問がまさにビジネスモデルに関わるものです。

ビジネスモデルとは何を指すのか

　**ビジネスモデルにはさまざまな定義がありますが、簡単にいえばビジネ
ス、すなわち商売の型・仕組みがどうなっているかを示す言葉です。**

　一般には、「どのような顧客を対象に、どのような商品・サービスをい
くらで売って、収益化するか（儲けるか）」の型、ごく簡単にいうと「儲
けの仕組み」を示します。

ビジネスモデルとは「儲けの仕組み」
- どのような顧客を対象に
- どのような商品・サービスを
- いくらで売って
- 収益化するか（儲けるか）

の型

　世の中には無数のビジネスの型があります。たとえば、以下のようなも
のです。

①商品を仕入れて、仕入れ代金にマージンを乗せて
　第三者に販売して収益（売上・利益）を稼ぐ

②部品を買いそろえ、工場を建てて、工場で部品を加工・組み立てて
　製品に仕上げてユーザーに販売して収益（売上・利益）を稼ぐ

③サービスそのものは無料でユーザーに提供し、
　広告主から広告収入を得て収益（売上・利益）を稼ぐ

①は伝統的な卸売業のビジネスモデルです。商社のトレーディングビジネスも同じ仕組みです。ただし総合商社は、今では投資会社の性格が強くなっています。

　②は伝統的な製造業のビジネスモデルです。もっとも近年では自らは原則工場をもたないファブレス製造業も多く見られます。アップルや任天堂は代表的なファブレス企業です。

　③はネットの世界でよく見られるビジネスモデルです。グーグル、フェイスブック、X（旧ツイッター）などはこのパターンにあてはまります。民放テレビ局も同じビジネスモデルです（視聴者は無料で番組を視聴し、テレビ局はCMで収益を得る）。

　古くからあるビジネス、最近注目されるビジネス、どんなビジネスにも儲けの仕方、すなわちビジネスモデルがあります。

　ビジネスモデルを解説するどの関連書籍にも出てくる古典的な事例としては、ジレットの「替え刃モデル」があげられます。

　剃刀本体は安くしておいて多く普及させ、替え刃で儲けるという仕組みが斬新で有名になりました。

　この「替え刃モデル」はプリンターとトナー、コーヒーマシンとコーヒーポッド（粉やカップ）などでもあてはまります。

　なおビジネスの世界で「ビジネスモデル」が注目されるためには、あり

ふれた儲けの仕組みについてではなく、**何らかの「新規性、話題性」があり、それが「成功していること」が必要です。**

　古くは日本でも富山の薬売り（全国各地を巡って得意先に薬を置き、年に１～２回訪問して代金の精算と薬の補充を行う）や三井越後屋（三越の前身）の「現金掛け値なし」も当時としては斬新なビジネスモデルでした。

　コンビニエンスストアやハンバーガーショップはじめ多くの外食チェーンで普及しているフランチャイズシステム、また小売業がオリジナル商品の製造に携わるユニクロやニトリなどのSPA（Speciality store retailer of Private label Apparel：製造小売業）も当初はユニークなビジネスモデルでしたが、今では当たり前になっています。

「マネタイズ」って何だ？

　ビジネスモデルと密接な言葉としてマネタイズがあります。

　コンサルの現場では、収益化することをマネタイズと呼ぶこともあります。たとえば次のような会話が交されます。

　「マネタイズできるまでの計画を作りこむ必要がある」

　「その事業アイデア、確かに面白そうだけど、本当にマネタイズするまで何年もかかるんじゃないの？　それまで持ちこたえられる？」

2 注目されるビジネスモデルの4類型

ビジネスモデルには無数のバリエーションがありますが、ここでは近年注目されることの多い4つのビジネスモデルについて見ていきます。

①〜④は実際にはそれぞれ組み合わされて提供されることもあります。

注目されるビジネスモデルの4類型
① 広告無料モデル（検索、SNS、テレビなど）
② フリーミアムモデル（音楽配信など）
③ マッチングモデル（メルカリ、不動産仲介など）
④ 会員・会費制モデル（携帯電話、動画配信など）

① 広告無料モデル

ユーザーはコストを支払わずに無料でサービスを楽しむことができるのがこの広告無料モデルです。

グーグルの検索、メタのSNS（フェイスブック、インスタグラム）、X（旧ツイッター）、ヤフーやLINEなどのサービスが代表的です。

多くの場合、ユーザーはフィーを支払うことなく無料でサービスを利用することができます。

それではこれらサービスをユーザーに無料で提供する会社の収入源はど

うなっているのでしょうか？

　グーグルは検索に連動した広告、メタやXはSNS上の広告が主な収入源となっています。

　ヤフーのポータルサイトを見たりLINEでトークをするだけなら基本無料ですが、ヤフーはさまざまな特典のあるプレミアム会員（月額508円）などの課金収入が、LINEではスタンプやコンテンツの課金収入が広告収入とともに売上のベースになっています。

　この広告無料モデルは最近ではネットサービスで注目されることが多いですが、昔からあるテレビやラジオも同様に広告無料モデルです。視聴者はフィーを払うことなく、テレビやラジオの番組を楽しむことができます。テレビ局やラジオ局は、番組の合間に流れる広告が主な収入源です（受信料が収入源のNHKは例外）。

② フリーミアムモデル

　フリー（無料）とプレミアム（割増料金）を合わせた造語で、基本サービスは無料だが、有料会員になると受けられるサービスの範囲が広がるようなビジネスモデルです。

　YouTubeは無料で視聴できますが、月額1280円のプレミアム会員になると広告がなくなり、動画・音楽の一時保存ができるようになるなどの特典があります。

　アマゾンプライム会員になると（日本では年会費5900円）、宅配や映

画の多くは無料になり、音楽を聴いたり電子書籍も一部読むことができます。さらに音楽と電子書籍に関してはアンリミテッド会員という聴き放題、読み放題の有料コースが別途設けられています。

音楽配信ではSpotifyも無料で会員登録すれば音楽を聴くことができますがさまざまな制限があります。月額980円のプレミアム会員になると制限が外れます。私はSpotifyで無料会員になっていますが、音楽を聴いていると途中で有料会員への登録を促す広告が流れてきます。

有料会員になるとスキップ無制限（無料会員は1時間あたり6回まで）、広告再生なし（無料会員は広告あり）、音楽をダウンロードしてオフライン再生可能（無料会員はオフライン再生不可）といった違いがあります。

クックパッドも同様の仕組みで、無料会員でも一部のレシピを見ることができますが、月額308円のプレミアム会員になるとアクセスできる範囲、機能が広がります。同社の主な収入源はこの会費収入と広告収入です。

③ マッチングモデル

需要サイドと供給サイドをつなぐプラットフォームを提供し、マッチングが成立すればどちらか、もしくは両方から手数料を受け取って収入源とするビジネスモデルです。

代表例はメルカリです。マッチングが成立すると基本、落札価格の10%が手数料としてメルカリの収入になります。

同社の売上高は1720億円（2023年6月期）ですが、メルカリで売買

される流通取引総額はその6倍の1兆円規模（国内）です。

　Yahoo! オークション（旧ヤフオク!）も基本的に同様の仕組みです。

　マッチングモデルもインターネットが一般的になってから出現したわけではなく、昔からあるものも多くあります。

　不動産仲介や結婚相談所、転職エージェントなどが古くからあるマッチングモデルの代表例です。

　ただ誰もがスマートフォン（以下、スマホ）を使うようになった現在では、マッチングモデルのビジネスが広がっています。

　タクシー等配車サービスのUber、民泊仲介のAirbnbはデジタルを駆使した新しいビジネスモデルが注目され、それまでの業界秩序を破壊するディスラプター（破壊者）ともいわれました。

④ 会員・会費制モデル

　まず契約・会員登録を行い（入会金の有無はさまざま）、月会費ないし年会費を払うビジネスモデルです。

　個人向けで身近なところでは携帯電話、クレジットカード、フィットネスクラブ、学習塾、新聞購読など。コストコのような会費制スーパーマーケットもあります。

　2020年以降のコロナ禍で会員数を大きく増やしたことが報じられたネットフリックス、Disney+といった動画配信サービスもここにあてはまります。

会員・会費制モデルは企業向けにも多くあります。SaaS（Software as a Service）としてSlack、Chatworkなどのチャットツールや、ビデオ会議のZoomはコロナ禍に対応した在宅勤務の広がりも追い風に多くの企業に採用されています。

　この会員・会費制モデルでは、まずは「敷居を低く」して多くのユーザーを獲得することが重要なので、「最初の1か月（ないし2か月）は会費無料」とするところが多くみられます。

近年ではさまざまな商品・サービスでサブスクリプション（以下、サブスク＝一定期間に商品・サービスを定期購入）モデルが注目されています。

　企業からするとサブスクには比較的長期にわたって顧客との関係が続くというメリットもあります。そのため消費財でも産業財でもメーカーなどはハードの売り切りではなく、販売後もユーザーとの関係を長期化させて継続課金してもらおうという動きが広がっています。

　サブスクは消費者向けでは音楽、動画配信だけでなく、飲食店、カーシェア、ホテル利用などにも広がっています。企業向けにはマイクロソフトのOffice365が多く利用されています。マイクロソフトやアドビはかつてのパッケージ売り切りからクラウドでのサブスクビジネスが主体になってきています。アドビ（PDF、Photoshopなどを展開）の2022年12月期の売上の実に93％がサブスクからもたらされています。

　コマツなど建設機械メーカーやシーメンスなど重電メーカーも、機器にセンサーを付けて機器の稼働状況・不具合といったデータを集めて対応す

るサービスを展開するなど、機器の売り切りからリカーリング（継続課金）型のビジネスモデルへの転換は多くの業種で進んでいます。

3 伝統業界での ビジネスモデル革新

　一般に同じ業界に属する企業はほぼ同じビジネスモデルをとることが多いですが、古くからある業界でも新しいビジネスモデルを構築して注目される事例があります。

　ここでは3つの事例を紹介します。

伝統業界でのビジネスモデル革新
① 百貨店業界におけるGINZA SIX
② 銀行業界におけるセブン銀行
③ 菓子業界における寿スピリッツ

① 百貨店業界におけるGINZA SIX

　かつては小売りの頂点に位置していた百貨店業界の業績は長期低落傾向にあり、地方だけではなく最近は東京都内でも閉店が珍しくなくなっています。

　そうした中で新しい百貨店像「もはや百貨店ではない」を模索している

のが J. フロントリテイリングです。同社は 2007 年に当時の大丸、松坂屋 HD が統合して生まれ、その後パルコを子会社化して現在に至っています。

　J. フロントが新たな百貨店像として注目されたのは 2017 年に旧松坂屋銀座店跡（銀座 6 丁目）にできた GINZA SIX の存在があります。GINZA SIX では「あえて百貨店はやらない」として、全フロアを定期賃貸借契約の売場で構成、テナントの定期的な入れかえを可能にしました。「国内唯一ともいえるラグジュアリーモール」を謳う通り、一般の百貨店と比べても独特の高級感ある雰囲気をもったモールです。

　J. フロントとしての売上は物販ではなく、テナントからの賃料が主になります。つまり実質的には不動産業です。

　売上も好調で、それを牽引しているのは従来の百貨店には縁遠かった 20 代・30 代の若年層であることが示されています。実際に同店を訪れてみると若い客層が多いことが実感できます。

　さらに 2021 年には、大阪の大丸心斎橋店新本館において売場の 65% を定期賃貸借の売場構成に変更しました。従来型の百貨店モデルと GINZA SIX という新しいモデルのいわばハイブリッド版の店舗です。

　同社ホームページではこの背景を次のように説明しています。

　「伝統的な百貨店は、かつては買取が主体でしたが、その後在庫を持たない消化仕入という取引形態が現れ、80 年代にはその割合が 8 割を占めるようになりました。しかし、今日のような低成長かつ不確実性の高い時代には、消化仕入への過度な依存は新規性あるマーケットへのチャレンジ

を疎かにするだけでなく、収益性の低下を引き起こすといったリスクを高めることにもつながります」

② 銀行業界におけるセブン銀行

　セブン−イレブン店舗内には必ずセブン銀行のATMが入っています。コンビニを運営するセブン−イレブン・ジャパンも、ATMを運営するセブン銀行もセブン＆アイ・HDの子会社ですが、セブン銀行は単体で上場もしています。

　一般的な銀行のビジネスモデルは預金者からお金を預かり、それを企業などに貸し付けたり国債などで運用して、貸出・運用利息が営業収益（一般企業の売上に相当）になるというものです。

　ところがセブン銀行のビジネスモデルは異なります。セブン銀行のATMでメガバンクをはじめ他の金融機関のカードで引き出し・預け入れを行うと200〜300円程度の手数料が発生します（金融機関や時間帯によって異なる）。

　そして取引1回あたり100円程度が金融機関からセブン銀行に支払われます。セブン銀行の経常収益（売上高に相当）の9割以上がこうした「ATM受入手数料」です。

　セブン銀行の2023年3月期の経常収益（単体）は約1200億円ですが、そのうち大半の1040億円がこうした「ATM受入手数料」です。

$$1040億円 ＝ ATM\,2.7万台 \times 1日平均100件の利用 \times 365日 \times$$

$$平均ATM受入手数料108円$$

から構成されています。

　つまりセブン銀行にとって直接収益をもたらしてくれる「お客さん」は、一般のユーザーではなく他の金融機関なのです。

　同行のバランスシート（単体）を見ると総資産1.3兆円。負債8000億円が、ユーザーが預け入れた預金。資産側では9000億円が現金預け金となっています（バランスシートについては、第4章で解説します）。

③ 菓子業界における寿スピリッツ

　菓子を専業とする上場企業で時価総額トップ企業は、誰もが知るポテトチップスを製造するガリバー企業カルビーで、時価総額3794億円です（2023年末時点）。

　では、2位はどこでしょうか？　森永製菓でも江崎グリコでもなく（両社とも時価総額2000億円台）、鳥取県米子市に本社を置く寿スピリッツという会社で、時価総額はカルビーの9割に相当する3362億円です（明治HDは約1兆円弱だが、菓子以外に乳業、製薬など他の事業の割合も多い）。

　寿スピリッツという名前を言われても「会社名も菓子ブランド名も聞いたことがない」という人が多いのではと思います。

　しかしそういう人たちも東京駅や新千歳空港などの土産菓子売場で同社の商品を見ている可能性が高く、実際にそのお菓子を買ったり食べたりしたことがある人も多くいるはずです。

　寿スピリッツが提供する菓子は「プレミアムギフトスイーツ」と呼ばれる分野で、出張や旅行でのお土産、パーソナルギフト、自分用のギフトなどとして購入されています。価格帯は2000円台程度のものが中心です。

　したがって主要な販路は駅や空港などです。東京駅では同社が展開する多くのブランドが、また新千歳空港では「ルタオ」が主に売られています。

　歴史的には地元鳥取の名物菓子を製造販売する寿製菓として創業した後、各地の土産菓子のOEM（相手先ブランドによる生産）を担い成長。その後は全国の経営不振の菓子会社を傘下に収める独自のビジネスモデルで、「プレミアムギフトスイーツ」という特徴ある商品づくりを行い、増収増益を続け、2023年3月期には営業利益率20％弱、ROE 30％、PBR 13倍の高収益企業として注目されています。

　上場企業としての寿スピリッツは純粋持ち株会社で、「シュクレイ」（東京）、「ケイシイシイ」（北海道）などいくつかの地域製造販売子会社を傘下にもちます。

　これら子会社の名前も一般にはほぼ知られていないと思います。消費者が認知するのは「バターバトラー」「ザ・メープルマニア」「東京ミルクチーズ工場」「ルタオ」「ナウオンチーズ」「岡田謹製あんバタ屋」などの商品ブランドです。

商品の製造者としてパッケージに記されているのは「シュクレイ」などの製造販売子会社の名前だけで、寿スピリッツの名前はありません。

　地域別売上は首都圏（4割強）と北海道（2割弱）が多くなっています。

　寿スピリッツは経営不振の同業他社を次々傘下に入れて経営改革を行い、再生させて高収益企業によみがえらせるという点で、その経営手法には星野リゾートにも近いものを感じます。

クイズ **1** セブン−イレブンの売上5.1兆円を分解する

　コンビニのビジネスモデルは、フランチャイズの仕組みをとっていることが最大の特徴といっていいでしょう。

　コンビニをはじめとして小売業、外食業の売上を分解する最も基本的な公式は「**売上 = 客数 × 客単価**」です。

　セブン−イレブンの2023年2月期の売上（フランチャイズ本部としての売上でなく、消費者が支払った金額）は約5.1兆円でした。

　この5.1兆円という巨額の売上を客数と客単価に分解するにはどうしたらいいでしょうか？

●**ヒント**　セブン−イレブンの客数は741人、客単価は904円です（「日経MJ」2022年度コンビニエンスストア調査）。これをかけた67万円は1日1店舗あたりの売上であり、5.1兆円には遠く及びません。

　次の回答ページを見る前に、67万円にどのような数字をかければ、5.1兆円に到達するか、式をまずはご自身で論理的に考えてみてください。

客数741人 × 客単価904円 × ＿？＿ × ＿？＿ = 5.1兆円

67万円
（1日1店舗あたり売上）

　論理的に考えれば

　67万円（1日1店舗あたり売上）× 店数 × 年間営業日数 ＝ 5.1兆円

となるはずです。

　「1日」を「1年」に変えるのは簡単です。1年365日ですから365を

かけます。

　もう一つ「1店」を「全店」にする必要がありますが、セブン−イレブ

ンが日本国内に何店舗あるか、同社ホームページのIR（投資家向け広報）

情報で確認すると約2.1万店とわかります。

　店舗数は5.1兆円÷365日÷67万円で求めることも可能です。

　これで必要な数字がすべて出そろいました。これらをかけると

　67万円（1日1店舗あたり売上）× 365日（年間営業日数）× 2.1万店

　　≒ 5.1兆円

　これでゴールの5.1兆円にたどり着きました。

　5.1兆円という巨額の売上も、私たちがコンビニで買い物をする毎回数

百円の積み重ねでできていることがわかります。

クイズ2　イオンモール、ららぽーとのビジネスモデルとは？

　イオンモール、ららぽーとなどのショッピングモールは主に大都市圏近郊に立地し、毎日多くの人が訪れています。

　これらイオンモール、ららぽーとのビジネスモデルはどうなっているのでしょうか？　誰から収益を得ているのかをふまえると、業種としては何業に分類するのが妥当でしょうか？

　以下より、1つを選んでください。

　　1　小売業
　　2　卸売業
　　3　不動産業

　正解は「**3**　不動産業」です。

　消費者がイオンモールやららぽーとなどショッピングモールに行く目的は買い物なので、小売業に見られがちですが、運営会社（イオンモールはブランド名でもあり会社名でもある。ららぽーとは三井不動産が運営するブランド名）にとっては、ショッピングモールは不動産業なのです。

　どういうことでしょうか。

　運営企業は広大な敷地にモールを建設、そこにアパレルなどの小売り、レストランなどのテナントを誘致します。そしてテナントから賃料を得るのが収益の基本的な仕組みです。

　したがって運営会社であるイオンモールや三井不動産の売上に計上されるのは、消費者が支払った金額ではなく、テナントからの賃料です。

　これは不動産会社がオフィスビルを建ててテナントの企業から賃料を得る、または賃貸マンションを建てて入居者から賃料を得るのと同じビジネスモデルです。違いは用途がオフィスか住居かショッピングモールかです。

　なおセブン−イレブン・ジャパンなどコンビニ本部（フランチャイザー）は一般には小売業とされますが、小売業でなく加盟店（フランチャイジー）に対するコンサル業と見ることもできます。コンビニ本部の主な収入源は加盟店から支払われるロイヤルティ（経営指導料）だからです。

クイズ 3　YouTube関連事業のビジネスモデルは？

　YouTubeは若者を中心に圧倒的な存在感をもっていることはよく知られている通りです。

　YouTube関連の上場企業も何社かすでに登場しています。

　これらの企業はどのようなビジネスモデルで、つまり誰からどのような形で収益を得て上場企業として存在しているのでしょうか？

　UUUM（読みはウーム。2017年上場。「会社四季報」では「ユーチューバー事務所最大手」）。

　UUUMはいわばYouTubeの世界での芸能事務所です。

　専属クリエイターにはヒカキン、はじめしゃちょーなどの著名ユーチューバーがいます。

　ANYCOLOR(読みはエニーカラー。2022年上場。「会社四季報」では「ライブ配信などを行うVチューバーグループ『にじさんじ』を運営」。なお、Vチューバーとはバーチャルユーチューバーのこと。顔を出さずにCGなどで作った架空のキャラクター（アバター）で動画配信をします。

　上場企業であるUUUM、ANYCOLORの収益源は何でしょうか？

　UUUMの主要な収益源は、広告収入です。

　「会社四季報」の紹介文後半には「動画のアドセンス（広告収入）が柱」とあります。

　YouTubeに流れる広告の収益の一部をYouTubeからもらい受ける「アドセンス収益」が売上の38％、タイアップ動画などインフルエンサーを活用したプロモーションによる「広告収益」が35％を占めます（2023年5月期）。

　両方合わせると売上の7割強となり、こちらが広告収入です。

　ANYCOLORの主要な収益源は、グッズ販売です。

　「会社四季報」の紹介文後半には「グッズ販売が収益柱」とあります。

　売上の56％がグッズ販売です（所属Vチューバーのキャラクターのグッズやデジタルコンテンツなど。2023年4月期）。販路はオンラインが主体ですが、ホビーショップやCDショップHMVなどでも「にじさんじ」のグッズ販売コーナーがあります。

　他には、YouTubeの有料サービス（ユーザーが自分のコメントを目立たせたり、限定動画を見たりすることができる）利用に伴う課金、所属Vチューバーが顧客企業の商品を宣伝する広告収入なども収入源です。

2章

業界構造を
読み解くスキル

1 業界／業種とは何か

　自動車メーカー、小売り、運輸、金融……これらはいずれも業種を示します。

　業種の分類方法にはさまざまなものがあり、これが唯一正解というものは存在しません。また多くの場合、大区分、中区分、小区分があります。

　上記の例でも「自動車メーカー」なら乗用車、商用車、軽自動車（日本の独自規格）などに、「小売り」ならコンビニ、ドラッグストア、ネット通販、スーパーなどに、「運輸」なら陸運、鉄道、海運、空運などに、「金融」なら銀行、証券、保険などにさらに区分することができます。

　総務省が示す「日本標準産業分類」では大分類で20業種に分かれ、さらに中分類、小分類、細分類に分かれていきます。

　すべての国内上場企業を掲載する「会社四季報」では「製造業」16業種、「非製造業」13業種、「金融」4業種に分類しています。

　東京証券取引所（以下、東証）では全上場企業に17種（大区分）、33種（中区分）の業種コードをふっています。

　『日経業界地図2024年版』では大分類で17、小分類で185業界について解説がされています。

業種区分はさまざま
● 「会社四季報」では製造業16、非製造業13、金融4
● 東京証券取引所では大区分17、中区分33
● 『日経業界地図』では大分類17、小分類185

業種はわかりやすいようで実は複雑な概念で、時代とともに変わります。

　ここでは、私がさまざまな企業・業界を見てきた中で感じていることを2点あげておきます。いずれも10年前、20年前頃との比較での変化です。

「この会社は○○業」という判断がつきにくくなっている

　有名な企業であれば、社名を聞けば多くの人が「あの会社は○○業」「あの会社は○○をやっている会社」とイメージできます。

　トヨタ自動車は誰が見ても自動車メーカーです（住宅など他の事業も展開しているにせよ）。日本航空は誰が見ても航空会社です。

　このような企業はわかりやすいのですが、実際には「この会社は○○業」と一口では表現しにくくなっている企業が増えてきています。

　たとえばソニーグループ。20世紀にはソニーといえばエレクトロニクスメーカーであり、代表的な製品はテレビ、ビデオ、ウォークマンなどでした。

　今のソニーグループはゲーム（プレイステーション）、半導体、音楽・映画、金融（ソニー生命保険など）もそれぞれかなりの規模をもつコング

ロマリット（複合体）です。ゲーム（売上構成比31％）、音楽（同12％）映画（同12％）の3事業を合わせると売上の過半を占めるのでハードとソフト双方をあわせもつエンタメ企業ととらえるのが正しいかもしれません（2023年3月期）。

　YOASOBIや乃木坂46はソニー・ミュージックのアーティスト、『スパイダーマン』はソニー・ピクチャーズのコンテンツです。

　なお会社四季報ではソニーグループは今でも業種区分は「電気機器」に分類されています（パナソニックHD、東芝、日立製作所などと同じ分類）。

　今では企業が自ら「当社の事業は○○業です」と宣言することは珍しくなりました。トヨタ自動車も「モビリティカンパニー」を標榜するようになっています。多くの企業は統合報告書などで「当社は創業時より○○社会課題の解決に向けて事業を発展させてきました」というようなストーリーを語るようになり、「業種」を語らなくなっています。

　ソニーグループ同様、「この会社は○○業」と一言で表しにくい代表例が旭化成です。

　旭化成は何の会社でしょうか？　実にいろいろな顔をもっています。事業セグメントは①マテリアル（売上構成比48％）、②住宅（同33％）、③ヘルスケア（同18％）の3つに分かれています（2023年3月期）。

　売上の半分近くを占める①マテリアルはさまざまな素材・材料を扱っています。多くが企業向けですが、食品包装用ラップフィルム「サランラップ」、食品包装容器・袋「ジップロック」、クッキングシート「クックパー」

など消費者向けで有名な商品もここに含まれます。

　売上の３分の１を占める②住宅はヘーベルのブランドで知られます。戸建住宅「ヘーベルハウス」、集合住宅「ヘーベルメゾン」が主力です。住宅セグメントの売上だけで9000億円を数えます。

　売上の２割弱を占めるのが③ヘルスケアです。ヘルスケアはさらにクリティカルケア（救急救命医療）事業（除細動器、人工呼吸器など）、医薬事業、医療事業（ウイルス除去フィルター、人工透析など）に分かれます。

　３つの事業セグメントのうち、①マテリアルと③ヘルスケアはまだ相対的に近い関係に思えますが、②住宅は他の事業との親和性があまり感じられません。

　そのため旭化成全体を「○○の会社」と一言にまとめるのは困難です。

　会社四季報では旭化成は「化学」に業種分類され、会社紹介コメントの冒頭には「総合化学企業」と書かれています。

　同社を一言で表現するのは難しいですが「総合化学企業。住宅も売上の３分の１」と紹介するのが妥当のように思えます。

業界ごとの垣根が低くなっている

　多くの業界で市場の伸びが鈍化し、従来型のビジネス（商品・サービスのラインアップ）だけでは成長が難しくなってくると、企業は隣接業界の商品・サービスを自社にも取り込んで成長を図ろうとします。

　その結果、業界ごとの垣根が低くなり、業界区分が混然としてくる動き

があちこちで見られます。いくつか例をあげます。

●コンビニが淹れたてコーヒーを提供するようになると、コーヒーチェーンとの競合が起きる。

●マクドナルドはハンバーガー、ケンタッキーはフライドチキンというすみ分けがされていたが、各々相手の領域にも進出するようになった。

●ドラッグストアでは客寄せのために安価な食品の扱いを増やしており、コンビニやスーパーとも競合するようになってきている。

●米国のプラットフォーマーGAFAMは、もともとグーグルは検索サービス、アマゾンはネット通販、メタ（フェイスブック、インスタグラム）はSNS、アップルはスマホなどのデバイス、マイクロソフトはウィンドウズOSやWordなどのアプリをメインに提供して一定のすみ分けができていたが、AIやクラウドサービスなどに進出した結果、ぶつかる領域が増えてきた。

●食品と医薬品には法制度上も大きな壁があるが、両者の中間領域として特定保健用食品（トクホ）や機能性表示食品などに双方からの進出が相次いでいる。化粧品に食品メーカーが進出するのも同様。

2 業界構造を見る4つの視点

　業界／業種のとらえ方は難しい面がありますが、それでも多くの場合、業界の構造を見るにはいくつかのポイントがあります。ここでは以下の4点から見ていきます。

業界構造を見る4つの視点
① 市場規模と成長性
② 主要なプレーヤー（参入企業）数
③ シェアの分布
④ 参入障壁の高低

① 市場規模と成長性

　よく「○○業界は△△億円産業」というような表現を目にします。これがその業界の市場規模です。

　市場規模は一般に金額で表現することが普通ですが、数量で表現することもあります（例：日本の新車市場は約4百数十万台、鉄鋼生産量は約9000万トン、コンビニ店数は5.7万店など）。

　金額で示した市場規模はその業界の社会での影響の大きさ、市場規模の増減傾向はその業界の盛衰（勢いがあるかどうか）を示します。

歴史のある業界であれば業界団体があり、業界統計（金額、数量）はそこから発表されることも多いです。一方、新しい業界、もしくはまだ業界の姿形が固まっていないようなところでは、業界団体などないことが普通で、その場合は主要企業の売上などを個別に足し合わせて市場規模を推定する必要があります。

② 主要なプレーヤー（参入企業）数

その業界の中で主要なプレーヤー（参入企業）数が何社くらいあるのかで、業種の特性が出ます。

2〜4社程度のごく少数の企業で構成される業界にはたとえばスマホOS（アップルのiOSとグーグルのアンドロイドという2陣営）、トイレ（TOTOとLIXILが展開するINAXで大半、パナソニックHDを含め3社）、携帯電話キャリア（3社で大半、楽天モバイル含め4社）、ビール（大手で4社）などがあげられます。業界構造としては少数の会社によって構成される寡占市場ということです。

もう少しプレーヤー数が多い業界には自動車メーカー（国内11社、うち乗用車8社）があります。

海外と比べた際に日本の産業構造でよく指摘されていたのが「日本では同じ業界に多くの企業がひしめいており、供給過剰気味のため利益率が低くなりやすい」ということです。

その傾向が特に目立っていたのが設備型製造業と金融です。1980年代

には大手鉄鋼（高炉）メーカーは5社あったのが今は日本製鉄とJFEHDの2社に集約、石油元売りは15社あったのが今は主にENEOSHDと出光興産、それにコスモエネルギーHDを加えても3社に集約されました。

　大手銀行は都市銀行13行、長期信用銀行3行、信託銀行7行あったのが今はメガバンク3グループに集約、損害保険も20社以上あったのが3メガ損保グループに集約されました。

　また、国際競争力を失った日本の業界の数社が事業統合をする形で新会社を設立することも珍しくなくなりました。

　ルネサス エレクトロニクスは日立製作所、三菱電機、NECの半導体事業を統合して誕生、造船のジャパン マリンユナイテッドは旧石川島播磨重工業（現IHI）、旧日本鋼管（現JFEHD）など4社の造船部門が統合する形で誕生しました。

③ シェアの分布

　業界構造がどうなっているかを見るうえで、業界内のプレーヤー数と並んで重要なのは業界内シェアがどうなっているかです。

　一般には、競合するプレーヤー数が少なく、かつ業界内シェアが高いほど市場支配力が強くなるので高い利益率を享受することができます。

　スマホOSの世界ではアップルのiOSとグーグルのアンドロイドの2つしか事実上の選択肢がありません。そのため両社ともアプリ開発のベンダーなどには非常に強い立場にあり、高額の手数料をとっているとされ、各

国の独占禁止法当局が目を光らせているのはよくニュースで見る通りです。

　スマホOSに限らずデジタルの世界では、市場は1社ないしごく少数の企業が高い利益率を享受する「勝者総取り」になりがちです。利用者が増えるほど、個々の利用者の利便性が増し、企業側の顧客獲得コストやサービス提供コストが低減するからで、これを「ネットワーク効果」といいます。LINEはほとんどの人に普及しているから誰もが使わざるを得なくなっており、「勝者総取り」の代表例といえます。

　デジタルビジネス以外でも東京ディズニーリゾートを運営するオリエンタルランド、東海道新幹線を運営するJR東海が営業利益率20〜30％台をマークできる（コロナ禍の時期を除く）のは、代替できるようなサービスが他にほぼないからです。

　ある業界・市場で上位企業が強い力を持つのか、多くの企業が乱立するのか、その集中度合いを数字で示す指標として「ハーフィンダール・ハーシュマ指数」というものがあり、各国の独禁当局がM&Aを認めるかどうかの判断の一つとして使っています。

　M&Aが行われると企業数は減りますが、M&Aは当事者である両社が統合に合意するだけでは実現できません。グローバル企業であれば、両社の事業が関わる各国の独禁当局から、統合によって市場支配力が強まりすぎないか（要はM&A実現後に不当な値上げを行わないか）の審査をパスする必要があります。

　ビジネスがグローバル化する中、シェアが高いかどうかは一国の市場だ

けで判断できなくなっているのも以前との大きな違いです。

④ 参入障壁の高低

　新規参入が容易な業界か困難な業界かは、どのような要因によって決まるのでしょうか。

　次のような要因があります。

● 成長していること

　業界が成長していれば新規参入は多くなります。

　衰退業界に好んで参入する企業はありません。

● 初期投資額が低いこと

　業界として成長しているかどうかにかかわらず、

　初期投資額が高い業界では新規参入の障壁は高くなります。

　鉄道や電力会社を考えてみてください。鉄道会社も電力会社もその資産は膨大で、バランスシートの７〜８割は有形固定資産（鉄道会社なら車両、線路、駅舎など、電力会社なら発電所、送電線などの設備）からなっています。そのため参入するには膨大な資金が必要で、参入障壁は非常に高くなります。

　一方、アプリ開発は多くの初期投資が不要のため、参入障壁はかなり低いビジネスです。そのため大企業より、ベンチャー企業が主に活躍する分

野です。

　大企業から中堅・中小企業までさまざまな規模の企業が混在する業界も
あります。

　代表例が食品メーカーです。全国、世界を相手にビジネスを展開する味
の素、日清食品HD、キッコーマンのような大企業から、限られた地域だ
けを対象にビジネスを行う中小企業まで、大小さまざまな規模の企業が併
存しています。化粧品業界や建設業界も同様です。

3 5つの力── 5forces

　ここまで見てきた各要因を含んだ、業界構造をまとめるフレームワーク
としてよく用いられるのが、5forces（ファイブフォース）分析です。

　**ある業界の構造、今後予想される変化を、5つの観点で解き明かすフレー
ムワークです。**

　①狭義の業界内のことにとどまらず、②サプライヤー（売り手）、③バ
イヤー（買い手）との力関係に加えて、④新規参入の脅威はどうか、⑤別
の新たな手段に代替される脅威はどうかまで含め、広く5つの視点で検討
するのが特徴です。

　最近の携帯電話業界（キャリア＝通信事業者）の動きを5つの力のフレー

図表1　携帯電話業界の「5つの力」

出所：筆者作成

ムワークでまとめてみたのが図表1です。

　これまで主要3社（NTTドコモ、KDDI、ソフトバンク）による寡占市場で、3社がそれぞれ高い利益率をマークしていた業界の特徴が中央の【業界内の競争】にまとめられています。

【業界内の競争】の左に【売り手の交渉力】、右に【買い手の交渉力】があります。この左から右の流れは、左のメーカーからスマホ（携帯）端末を仕入れて、右の販売店に販売する流れを示します。

　【売り手の交渉力】については、とりわけ日本ではアップル（iPhone）の人気が高いため、アップルは携帯会社に対して価格や数量などに関して強い交渉力をもっていることを示しています。携帯端末は、かつては日本の多くの電機メーカーも手掛けていましたが、多くが撤退した結果、アップル以外では韓国サムスン電子などが目立つ程度です。

　【買い手の交渉力】については、スマホを大量に販売する一部の家電量販店が現在では強い交渉力をもっていると思われますが、今後端末のネット販売が進んでいくと、この構図が変化していく可能性があります。

　図の上部にある【新規参入の脅威】では、2020年から参入した楽天モバイルが参入から２年あまりたった時点でもシェア２％程度にとどまり、携帯電話事業への参入に伴う初期投資負担の重さから、楽天グループ全体の業績の足を引っ張っていることはよく報道されている通りです。

　図の下部にある【代替品の脅威】については、一時期、グーグルグラスなどメガネ型のデバイスでスマホが代替されるようになるのではという見方がありましたが、グーグルグラスは見た目の問題、プライバシー問題などから失速しました。そのため現時点では当面、スマホを代替するようなデバイスの脅威は低そうです。

　なお**【代替品の脅威】は、突然思いもかけないところからやってくることがあります**。携帯電話業界から話は変わりますが、注目を集めるChat GPTなどの生成AIの利用が今後さらに大きく広がると、ユーザーはネットでの検索を使わなくなる（AIに聞けば用が足りる）ため、グーグル検索に脅威になるのではという見方があります。

4 業界の数量単位はいろいろ

　業界統計の単位はその業界によってさまざまです。単位は大別すると金額と数量のどちらか、あるいは両方で表されます。

　ある業界・企業が好調かどうかは金額ベースはもちろんのこと、数量ベースでも判断されます。

　「数量」の単位は業界によって異なります。

> **数量単位は業界ごとに異なる**
> ● 自動車、スマホ、PCなら台数
> ● 鉄鋼、造船ならトン
> ● チェーン店なら店数
> ● テーマパークなら入場者数
> ● アプリならダウンロード数　など

自動車なら生産台数や販売台数、スマホなら出荷台数、飲料ならケース数やキロリットルなど容量、鉄鋼・製紙・造船ならトンなどの重量、携帯電話・カード事業なら契約者数、コンビニ・外食などのチェーンならチェーン店数、マンションなら販売棟数、テーマパークなら入場者数、ゲームなどのアプリならダウンロード数、鉄道や空運なら旅客数、宅配便なら荷物個数など実にさまざまです。

　なお業界統計は年明け1月頃に前年の数値が発表されることが多いため、この時期のニュースには要注意です。

　多様な業界のいろいろな数字を頭に入れておくと、他の業界のデータを見たときにそれがどれくらいの大きさか相対的な比較感ができるようになります。

　コンサルの仕事では、まったく異なる業種の顧客企業の案件を同時に進めることもあり、意識せずともさまざまな業種の市場規模の金額、数量などを相対的に比べる視点が身に付きやすくなります。

日本最大のチェーン店は？

　さて、日本で最多の店舗数をもつ小売りチェーン店はどこでしょうか？
　答えは、セブン－イレブン（2.1万店）です。
　いわゆるチェーン店とは異なりますが、同様に日本中に2万のネットワークをもつのが郵便局と小学校です。

　要はセブン−イレブンも郵便局も小学校も、日本のどこに行ってもほぼ必ずある、そう認識されるためには2万程度の拠点が必要ということです。交番と駐在所もどこにでもある気がしますが、調べると合わせて1.2万です。

　全国にマクドナルドは3000店弱、牛丼チェーンで最多のすき家とスターバックスは各々2000店弱です。

　これらの数字を頭に入れておくと、あるチェーンの店舗数を聞いたときに、そのチェーンがどれくらいの大きさなのか、イメージがつかみやすくなります。

　もっとも、人口減少が続く日本市場における業界の数量ばかり見ていると「井の中の蛙」になりかねません。

　ここでグローバルベースでの自動車市場、スマホ市場について、数量ベースでどのようなことがいえるか見てみます。

世界の自動車市場

　日本自動車工業会の発表資料によると、2022年の世界の四輪車販売台数は前年比1.4％減の8163万台でした。

　国別には、1位が中国で2686万台、2位が米国1423万台、3位がインド473万台、4位が日本420万台、5位がドイツ296万台でした。

　中国が圧倒的に世界最大の自動車市場であること、中国と米国で世界市場のほぼ半分を占めていることがわかります。

　2022年の統計でニュースになったのはインドが日本を抜いて初めて世

界3位に浮上したことです。

世界のスマホ市場

『日経業界地図2024年版』によると、2022年のスマホの世界出荷台数は12億台あまりです（米IDC調べ）。

主要メーカー別シェアは、1位が韓国サムスン電子21.6%、2位が米アップル18.8%、3位は小米集団（Xiaomi）12.7%、4位はOPPO 8.6%、5位はvivoで8.2%と続きます。3位から5位まではいずれも中国のメーカーです。

自動車とスマホの世界市場を概観しただけでも中国の存在の大きさを再認識させられます。

『日経業界地図』は巻頭に世界市場でのシェアがまとまって掲載されているので、業界ごとの大枠をつかむのに便利です。

 業界ごとの 営業利益率の相場を知る

営業利益率は1ケタが標準、2ケタなら上出来？

ある企業の収益力が高いか低いかを測定する指標にはさまざまなものが

ありますが、代表的なのが売上高に対する営業利益率です。

　利益率の高低は会社によって異なり、業界単位でも利益率の水準が高い業界と低い業界があります。

　業界ごとの利益率の「相場」を知っておくと、ある会社の利益率を見たときに、平均より高いのか低いのかの判断ができるので便利です。

　日本企業の営業利益率の水準はおよそ何％くらいでしょうか？　多くの企業は1ケタ、つまり数％というのが標準です。日本では2ケタ、すなわち10％以上の営業利益率があれば、比較的収益力があると判断されるのが一般的です。

　東京証券取引所では毎年、上場企業全体について、業種ごとの売上、営業利益（率）を公表しています。2023年3月期の数値を使って業種ごとの営業利益率を見ていきます。なお2023年3月期はコロナ禍の影響を引きずっているものの、一時期よりはだいぶ和らいだ時期にあたります。

　製造業、非製造業の二大区分では、製造業平均が7.1％、非製造業平均が5.4％でした。

利益率の高い業種と低い業種は

　製造業16業種、非製造業13業種に区分した計29業種ごとに見たのが次ページの図表2です。同表には製造業、非製造業ごとに営業利益率の高い業種順に並べています。

　業種平均でも2ケタの営業利益率があるのは、全29業種のうち医薬品、

図表2　業種別の営業利益率（2023年3月期、連結ベース）

	業種	営業利益率	代表的な企業の営業利益率
	全産業	6.3%	
	製造業	7.1%	
	非製造業	5.4%	
製造業	医薬品	13.0%	武田薬品工業（12%）、第一三共（9%）
	精密機器	10.9%	オリンパス（21%）、ニコン（9%）
	その他製品	10.2%	パラマウントベッドHD（14%）、バンダイナムコHD（12%）
	機械	8.9%	三菱重工業（5%）、コマツ（14%）
	電気機器	8.5%	ソニーグループ（10%）、日立製作所（7%）
	化学	8.4%	花王（7%）、旭化成（5%）
	ゴム製品	8.1%	ブリヂストン（11%）、横浜ゴム（8%）
	ガラス・土石製品	8.1%	AGC（3%）、TOTO（7%）
	鉄鋼	7.5%	日本製鉄（11%）、JFEHD（4%）
	食料品	6.9%	味の素（11%）、キリンHD（6%）
	輸送用機器	5.7%	トヨタ自動車（7%）、ホンダ（5%）
	金属製品	5.1%	LIXIL（2%）、三和HD（10%）
	繊維製品	3.9%	東レ（4%）、デサント（6%）
	非鉄金属	3.5%	住友金属鉱山（12%）、三菱マテリアル（3%）
	石油・石炭製品	2.6%	ENEOSHD（2%）、出光興産（3%）
	パルプ・紙	2.0%	王子HD（5%）、日本製紙（▲2%）
非製造業	鉱業	44.9%	INPEX（54%）、石油資源開発（18%）
	不動産業	12.3%	三井不動産（13%）、三菱地所（22%）
	情報・通信業	11.9%	NTT（14%）、KDDI（19%）、ソフトバンク（18%）
	海運業	9.8%	日本郵船（11%）、商船三井（7%）
	陸運業	7.3%	JR東日本（6%）、ヤマトHD（3%）
	倉庫・運輸関連業	7.2%	三菱倉庫（8%）、三井倉庫HD（9%）
	空運業	6.0%	ANAHD（7%）、日本航空（5%）
	建設業	5.9%	鹿島建設（5%）、清水建設（3%）
	サービス業	4.6%	オリエンタルランド（23%）、リクルートHD（10%）
	小売業	4.1%	イオン（2%）、セブン＆アイ・HD（4%）
	水産・農林業	3.3%	ニッスイ（3%）、マルハニチロ（3%）
	卸売業	2.3%	伊藤忠商事（5%）、三菱商事（5%）
	電気・ガス業	0.4%	東京電力HD（▲29%）、関西電力（▲1%）

出所：東京証券取引所「決算短信集計」、各社IR資料より筆者作成

精密機器、その他製品（以上、製造業）、鉱業、不動産業、情報・通信業（以上、非製造業）の 6 業種のみです。

　製造業でトップは医薬品の13.0％です。製造業は 1 ケタが普通、 2 ケタあれば上出来と見られますが、医薬品では営業利益率 2 ケタが当たり前です。これくらいの高い営業利益率をコンスタントに稼がないと、新薬開発などの研究開発への投資もできず競争力を維持できない業界です。

　トヨタ自動車やソニーグループなど製造業で有力企業の多い輸送用機器（自動車）や電気機器（電機）はいずれも 5 〜 10％程度の営業利益率になっています。

　非製造業の13業種は、全体的に製造業よりばらつきが見られます。

　非製造業でも全業種の中でも最も平均利益率が高いのは鉱業の44.9％ですが、これはこの業界でウェイトが最大のINPEX（旧国際石油開発帝石）が原油高と円安のダブル要因で潤ったという特殊事情のためです。

　鉱業を除くと12％前後の営業利益率をマークするのが不動産業と情報・通信業です。

　不動産業でウェイトの大きい三菱地所、三井不動産が高い営業利益率をマークしている背景には、両社が地盤とする東京の丸の内・大手町エリア（三菱地所）、日本橋エリア（三井不動産）のオフィスビルが高い収益性を保っていることがあります。

　同様に、情報・通信業でウェイトが大きいのは、携帯キャリア 3 社です（注：NTTドコモはNTTの持ち株会社で子会社）。 3 社いずれも10数％の

営業利益率をコンスタントにあげています。これについては儲けすぎ批判もあり、菅義偉政権のときには政策として携帯電話料金の引き下げが進められたほどです。

不動産業や情報・通信業が２ケタをマークする一方で、卸売業（総合商社はここに含まれる）、小売業は１ケタ前半が相場です。**卸売業、小売業（あわせて流通業と呼ばれる）は資産に対して売上が大きい、すなわち総資産回転率は高いものの利益率が低く、いわば薄利多売型のビジネスを行う業種といえます**。

陸運業（鉄道やトラック）、空運業はコロナ禍真っただ中の2021年３月期には業界平均の営業利益率がマイナスでしたが、2023年３月期には黒字に浮上しました。

クイズ1　世界一の電動車メーカーはどこ？

　世界の自動車市場ではEV（電気自動車）を中心とする電動車（EVに加えてPHV＝プラグインハイブリッド車、FCV＝燃料電池車を含む）の急成長が続いています。

　2023年上半期（1〜6月）の世界での電動車販売ランキングの1位から3位まではA〜Cのどれが正しいでしょうか？

> **A**　1位 テスラ ／ 2位 VW*グループ ／ 3位 トヨタ自動車
>
> **B**　1位 BYD ／ 2位 テスラ ／ 3位 VWグループ
>
> **C**　1位 テスラ ／ 2位 VWグループ ／ 3位 BYD

＊VW（フォルクスワーゲン）

クイズ**1** 回答

正解は**B**です。上位３社のランキングは次の通りです*。

1位 BYD（中国）117.7万台

2位 テスラ（米）78.6万台

3位 VWグループ（独）31.3万台

日本では米テスラのことがよく報道されますが、中国のBYDが世界１位のEVメーカーになっています。この2023年上半期にBYDは、電動車に限らない総販売台数ランキングでも初めて10位にランクインしました。

BYDは日本でも「日経ビジネス」が特集を組むなど（2023年8月）だんだんニュースになることも増えてきています。

2023年秋に開催されたジャパンモビリティショー2023（東京モーターショーを改称）に、BYDはかなり大きなブースを出展していたことに私は驚きました。配布されたパンフレットにも「じつは、電気自動車販売台数世界一の会社なんです」とアピール。

また、2023年冬には六本木ヒルズのクリスマスマーケットにメインスポンサーとして初協賛するなど、日本市場開拓の本気度がうかがわれます。

これからはテスラ同様、BYDの動きも要チェックです。

*出所：「日経電子版」2023年8月26日より筆者作成

クイズ **2** 音楽配信アプリのトップ3はどこ?

　国内の音楽配信は有力企業のアプリが混戦状態で、まだ市場を制しているといえる企業は見当たりません。

　2023年上半期（1〜6月）の音楽配信アプリランキング[**]で上位3つに入っているのは次のうち、どれでしょうか?

- ● Spotify
- ● Amazon Music
- ● radiko
- ● LINE MUSIC
- ● YouTube Music
- ● Apple Music
- ● 楽天ミュージック
- ● au うたパス

＊＊サービスの名称はいずれもランキング掲載当時

上位３つのアプリ名と利用者数は以下の通りです*。

1位（前年2位）YouTube Music　2194万人

2位（前年4位）Spotify　1701万人

3位（前年1位）Amazon Music　1272万人

　前年1位だったAmazon Musicは2022年11月に実施した有料会員向けの仕様変更（オンデマンド再生からシャッフル再生へなど）が利用者の不興を買って3位に後退、前年2位だったYouTube Musicは無料会員でも広告付きだがオンデマンド再生ができることが支持されて1位になりました。

　LINE MUSIC（5位）、Apple Music（9位）、楽天ミュージック（17位）などのビッグネームのサービスもありますが、上位とは差があるのが注目されます。

　まだ混戦は続きそうです。

＊出所：「日経電子版」2023年8月28日、Bizランキングより筆者作成

クイズ 3　日立造船の新社名は？

　かつては社名を見れば、その会社が何の事業をしているのかおよそ見当がつくケースが多かったのですが、近年では特定事業だけを連想させるような社名はむしろ避けられる傾向にあり、社名変更によって造語の横文字・カタカナ社名も増えてきています。

　以下は2023年から2024年1月までに社名変更を行った企業例です。

　昭和電工 → レゾナック・HD（新社名は造語）

　日本電産 → ニデック（グループブランド名の「ニデック」を新社名に）

　日立物流 → ロジスティード（新社名は造語）

　東洋インキSCHD → artience（新社名は造語）

　ところで日立造船は、社名が実態とまったく異なる企業として有名です。同社は2023年9月に社名変更することを発表しました（変更日は2024年10月1日を予定）。新社名は以下のどれでしょうか？

　　1　ヒタチマリン

　　2　ジャパン環境開発

　　3　カナデビア

正解は「**3** カナデビア」です。

　日立造船は事情を知らない人が社名だけ見ると、「日立グループの造船会社」と思われますが、実際には日立グループとの資本関係はなく、造船事業からもすでに完全に撤退しています。

　現在はゴミ焼却発電施設が主要事業になっており、社名と実態がまったく異なる状態が長く続いており、社名変更が課題になっていました。

　英文社名はHitachi Zosenを略したHitz（ヒッツ）が略称社名のように使われていますが、新社名はHitzでもなく、まったく新しいものとなりました。

　会社発表によると「Kanadevia（カナデビア）とは、"奏でる"（日本語）と"Via"（Way＝道・方法という意味のラテン語）による造語」ということで、最近の社名変更事例に多い、造語パターンです。

　今後もこのような社名変更企業は増えそうで、ますます社名と事業・業種との関係は薄れていきそうです。

3章

環境変化を
読み解くスキル

1 環境変化を整理する フレームワーク PEST

　コンサルタントにとって、クライアント（顧客企業）を取り巻く経営環境の変化（ポジティブ、ネガティブ双方の変化）を認識したうえで、どう提案につなげるかは重要な仕事です。

　一般に企業をめぐるマクロの経営環境は、一企業ではいかんともしがたい要因です。いかに優れた経営者が素晴らしい事業計画を作り、優れた社員が取り組んでも、環境が悪ければいい成果につなげることはできません。

　逆に環境がよければ、事業は順調に拡大していきます。かつてのバブル経済期には多くの企業がそのような状況にありました。

　私はこのことを授業や研修などでは「経営環境は天候のようなもの」とたとえ話をしています。旅行計画を立てても、好天に恵まれるか台風の直撃を受けるかは自分の力ではどうしようもありません。ただし台風が来そうならば旅行日程や行き先を変更する、あるいは中止するといった対策をとることは可能であり必要です。

　企業をめぐる環境変化要因は無数にあります。これらを整理するのに便利なフレームワーク（検討の枠組み）がPESTというもので、コンサルティングではクライアントをめぐる環境変化を整理するのによく使われます。

　このフレームワークは、さまざまな外部環境変化要因をPolitical（政治的要因）、Economic（経済的要因）、Social（社会的要因）、

Technological（技術的要因）の４つに大別してリストアップするものです。

　PEST自体は世の中の環境変化を４つの箱のいずれかに入れて整理する枠組みにすぎないので、PEST分析をすれば何かが解決するわけではありません。ただし会社・事業を取り巻く環境はこれからポジティブなのかネガティブなのか、それはどの程度のものなのか、その共通認識を関係者で共有することができるのがメリットです。

　実際のコンサルティング案件では、PESTそれぞれの環境変化がその会社・事業にどう影響するのか、またそれはどの程度の影響をもつのか（売上・利益に与える金額ベースのインパクトはどうか）、時間軸は短期か中期か長期かなどをディスカッションしながら詰めていきます。

　次ページの図表３がPESTの４区分と各々の要因の例示、インパクトなどを整理したものです。

　同じ環境変化でも、企業によってそれが追い風になるのか逆風になるのか、またその程度は大きく異なります。

　たとえば日本企業において円安は自動車メーカーなど輸出企業にとってはプラスですが、原油や鉄鉱石の輸入が多い石油・鉄鋼業にとってはマイナスです。

　同じ環境変化要因が与えるインパクトの大きさも多様です。2020年以降のコロナ禍では、世界中のあらゆる企業も個人が大きな影響を受けました。

図表3 PEST図（イメージ）

PEST	要因の例示	○社へのインパクト（ポジティブ、ネガティブ、中立）	インパクトの程度（大中小、金額換算）	時間軸（短期、中期、長期）
Political（政治的要因）	増減税			
	補助金			
	法規制			
	地政学リスク			
Economic（経済的要因）	経済成長			
	為替			
	金利			
	原材料／物流コスト			
Social（社会的要因）	少子高齢化			
	価値観変化			
	流行の変化			
	気候変動			
Technological（技術的要因）	AI			
	メタバース／AR			
	ロボット			
	ドローン／空飛ぶ車			

出所：筆者作成

　次からはPESTの各要因を一つずつ取り上げ、それぞれの環境変化要因が企業にどのような影響を与えるかを確認していきます。

2 Political（政治的要因）

酒税に翻弄されるビール業界

PESTのPは**Political**（**政治的要因**）を示します。**図表3に記したように「増減税、補助金、法規制、地政学リスク」などが代表的な要因としてあげられます。**

例としてビール類の増減税を取り上げます。「ビール類」は日本の酒税法では①ビール、②発泡酒、③第三のビール（メーカーは「新ジャンル」と呼ぶ。酒税法では多くはリキュール類）の3つに分かれており、③→②→①の順に課される酒税が高くなるため、ほぼ同一の商品にもかかわらず、酒税、ひいては価格が異なることが問題として指摘されていました。

これまで3種のビール類の酒税は大きく異なっていたため小売り価格差も大きかったのですが、2020年10月、2023年10月、2026年10月の3回の酒税の税率改正によって最終的に価格差はなくなります。

税率一本化に向けてのスケジュール図を参照してください（次ページの図表4）。

これはまさに酒税改正という**P要因**によって業界の競争環境が大きく左右される好例です。以下の酒税は350ミリリットルあたりです。

① 2020年10月の第1回改正ではビールが7円減税、第三のビールが

図表4　ビール類 酒税改定スケジュール

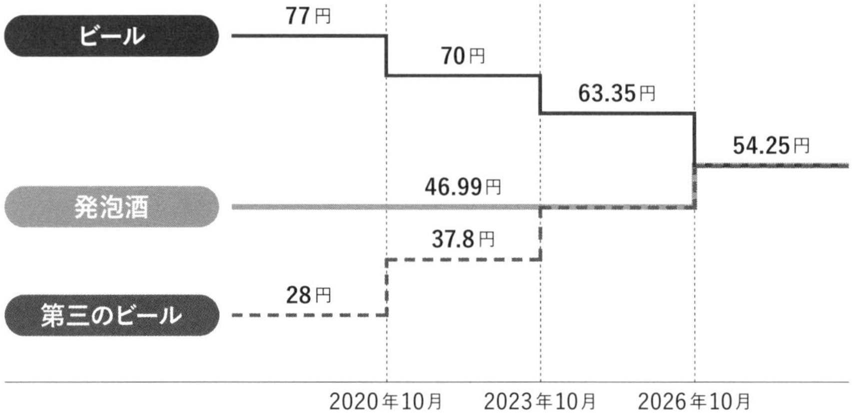

注：350ミリリットルあたりの税額
出所：各種報道より筆者作成

10円近い増税となり、3種間の価格差が縮小しました（ビールに追い風）。

　②2023年10月の第2回改正ではビールがさらに7円近く減税された一方、第三のビールが9円あまり増税されたことにより、発泡酒と第三のビールの価格差がなくなりました。またビールと他の価格差がさらに縮小しました（再度、ビールに追い風）。

　第2回改正を経た2023年11月時点、都内セブン－イレブンでは主要なビール類ブランドは次の価格で販売されています（消費税込み価格・小数点以下四捨五入）。

　ビール：224円

（うち酒税63円。アサヒスーパードライ、キリン一番搾り、

サッポロ黒ラベルなど）

発泡酒：190円

（うち酒税47円。アサヒスタイルフリー、キリン淡麗など）

第三のビール：185円

（うち酒税47円。クリアアサヒ、キリン本麒麟、サントリー金麦など）

③2026年10月予定の第3回改正ではビールが9円ほど減税され、発泡酒と第三のビールは7円ほど増税されます。これにより3種の酒税格差は完全になくなります（さらにビールに追い風）。

このように3次にわたる酒税改正で、「ビールは減税」で追い風、「発泡酒・第3のビールは増税で逆風」と明暗が分かれていきます。

ビール各社への業績インパクトは？

このことは大手4社のビール類事業にどのような影響を与えるでしょうか？　これを考えるには4社のビール類事業のビール、発泡酒、第三のビールの3種のポートフォリオをIR情報などで調べる必要があります。

一連の酒税改正は4社のうち、ビール比率の高いサッポロHD・次いで高いアサヒグループHDにはプラス、一方、第三のビールの比率が高いキリンHDとサントリーHDにはマイナスに働くことになります。

もちろん各社ともこの酒税改正を見越して、「ビールシフト」を着々と進めていますし、2026年の税率一本化に向けてさらにその動きは加速していくことが確実視されます。

　このようなことを頭に入れてスーパーやコンビニのビール類の売り場を見たり、毎日流れるビール類のCMを見たりすると、新商品の多くがビールジャンルのものであることに気づくなど、ビール各社の戦略が透けて見えてくるはずです。

　ではこのビール類の酒税改正でビール各社の業績にはどれくらいの影響があるかというと、大きなものにはならない見込みです。

　ビール大手4社ともこれまで国内ではいわゆる「ビール（類）離れ」に対応してチューハイなどのビール類以外のアルコール飲料にシフトしてきたほか、海外でのM&Aを大胆に進めてきたからです。

　4社の海外売上比率はサントリーHD51%、アサヒグループHD49%、キリンHD42%、サッポロHD21%に達しています（2022年12月期）。

3 Economic（経済的要因）

円安で儲かる企業

　PESTのEはEconomic（経済的要因）を示します。**図表3に記したよ**

うに「**経済成長、為替、金利、原材料／物流コスト**」**などが代表的な要因としてあげられます**。

　企業のマーケットとなる市場の大きさ、所得水準や経済成長率は、商品・サービスの売れ行きに大きく影響します。株価も同様で、株価上昇（下落）で資産価格が高く（低く）なると、個人消費は上昇（下落）することが確認されています。これは資産効果と呼ばれます。

　2022年の1年間は対ドルで円安が進んで円相場が37円も動き、1990年以来の変動幅になりました。ロシアによるウクライナ侵攻の影響もあり、世界でサプライチェーンの寸断による原料高も起きました。

　このような円安、原料高は企業業績に大きな影響を与えました。

　日本経済新聞2023年3月7日付の記事では、主要企業の2023年3月期の円安による営業増益効果は約3兆円にもなる見通しと伝えられました。これは営業利益合計の4割にも相当する大きさです。

　営業利益への増益影響が大きい順に、トヨタ自動車（予想営業利益の47%）、ホンダ（31%）、SUBARU（81%）、村田製作所（37%）、デンソー（25%）、三菱電機（30%）の名があげられています。**輸出比率の高い自動車関連メーカーは円安で手取りが増えるので大きな恩恵を受けることがわかります**。

円安で苦しむ企業

　逆に円安が減益に働く企業として、原材料を輸入する東京ガスや

JFEHDの名があげられています。

　生活に身近な企業ではニトリHDも円安で業績にマイナスの影響を受けた企業です。主力製品の家具類はベトナムなど海外で生産されたものを日本に輸入するため、円安はマイナスに働きました。

　また、同じ2023年3月期の企業業績にマイナス方向に大きな影響を与えたのが原材料高です。

　主要企業において原材料（為替を含む）が前期比約6兆円のコスト増になったことが報じられました（日本経済新聞2023年5月31日付）。

　業種別ではエネルギーを輸入する電力・ガス、自動車メーカーなどが特に大きな影響を受けました。

　同記事では原材料高によるコスト増の大きな企業として、東京電力HD（2兆3280億円）、トヨタ自動車（1兆6000億円）、日産自動車（3250億円）、大阪ガス（2775億円）、パナソニックHD（2200億円）などの名前があがっています。

トヨタの業績にはどんな影響があったのか？

　ここまででトヨタ自動車などの自動車メーカーの2023年3月期業績は円安で大きなプラス、原材料高で大きなマイナスと、ともにE要因で大きな影響を受けたことがわかります。

　では、結局トヨタ自動車は2023年3月期決算でプラスまたはマイナスのどちらが大きかったのか、どうすれば確認できるでしょうか。

　多くの企業は決算説明会資料で、1年前の利益と比べて、どの要因がいくらの増益要因・減益要因になったのかをウォーターフォールチャートで図示することがよくあります（チャートの左に1期前の利益、右に発表したばかりの利益をおき、その間に増益要因・減益要因を示す）。

　実際にトヨタ自動車の2023年3月期の決算発表会資料には次のような図が載っています（図表5）。

図表5　トヨタ自動車 営業利益増減要因

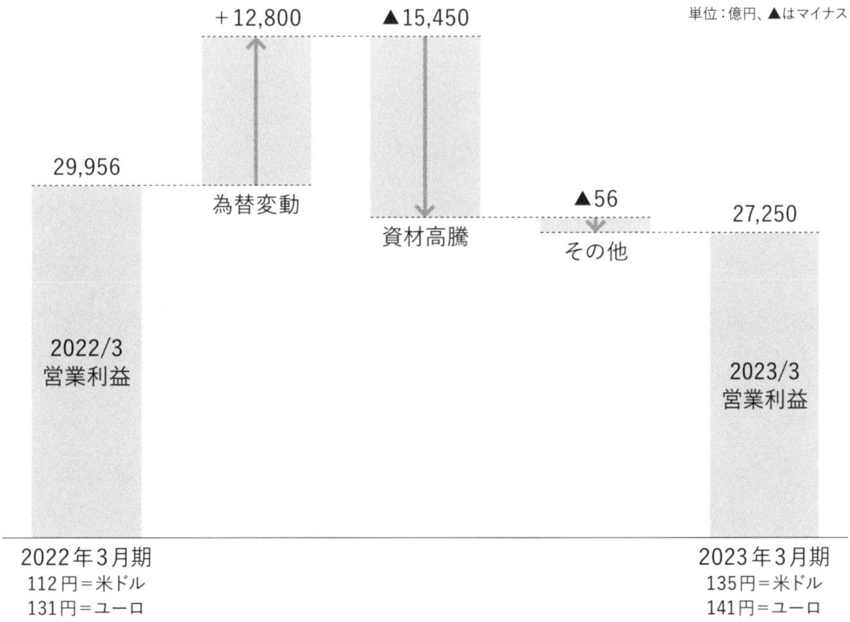

単位：億円、▲はマイナス

+12,800　為替変動

▲15,450　資材高騰

▲56　その他

29,956　2022/3 営業利益

27,250　2023/3 営業利益

2022年3月期
112円＝米ドル
131円＝ユーロ

2023年3月期
135円＝米ドル
141円＝ユーロ

出所：トヨタ自動車IR資料より筆者作成

為替変動つまり円安（左から2番目）は1兆2800億円の大きな増益要因になったものの、資材高騰（左から3番目）がそれ以上の1兆5450億円の減益要因になったのが主因で、営業利益は前期の3兆円弱から2兆7000億円強と減益になったことがビジュアルに示されています。

このようにPESTのうち経済的な **E要因**は企業業績に甚大な影響をもたらすことがあります。

4 Social（社会的要因）

コロナ禍で旅客が「消滅」！

PESTのSはSocial（社会的要因）を示します。**図表3に記したように一般的には「少子高齢化、価値観変化、流行の変化、気候変動」などが代表的な要因としてあげられます**が、2020年頃から突然現れて世界中に蔓延し大きな災厄をもたらしたコロナ禍もこの**S要因**としてとらえることができます。

コロナ禍によって人々は行動制限がかけられ、結果、企業活動にも多大な停滞と損失をもたらしました。

特に大きな打撃を受けた業種として真っ先にあげられるのが航空業界です。2020年、コロナ禍の広がりとともに羽田空港・成田空港をはじめ全国・

図表6　ANAと日本航空 コロナ禍前後の経営指標推移

単位：億円

ANAHD	2019年3月期	2020年3月期	2021年3月期	2022年3月期	2023年3月期
売上	20,583	19,742	7,286	10,203	17,074
営業利益	1,650	608	▲4,647	▲1,731	1,200
純利益	1,107	276	▲4,046	▲1,436	894
自己資本比率	40.9%	41.4%	31.4%	24.8%	25.6%
営業キャッシュフロー	2,961	1,301	▲2,704	▲764	4,498
投資キャッシュフロー	▲3,086	▲2,302	▲5,957	2,300	▲2,040
財務キャッシュフロー	▲464	238	10,981	936	▲1,429

日本航空	2019年3月期	2020年3月期	2021年3月期	2022年3月期	2023年3月期
売上	14,872	14,112	4,812	6,827	13,755
営業利益	1,761	1,006	▲3,904	▲2,347	650
純利益	1,508	534	▲2,866	▲1,775	344
自己資本比率	57.4%	58.9%	45.0%	33.7%	32.4%
営業キャッシュフロー	2,967	600	▲2,195	▲1,035	2,929
投資キャッシュフロー	▲1,897	▲2,215	▲910	▲1,737	▲1,127
財務キャッシュフロー	▲370	▲301	3,886	3,592	▲384

出所：各社IR資料より筆者作成

全世界の空港からは文字通り旅客が「消滅」してしまいました。

　ANAHD（以下ANA）、日本航空の業績がコロナ禍でどれほどのインパクトを受けたのか、コロナ禍をはさんだ期間の両社の主な経営指標の変化で振り返ってみます（図表6、用語については第4章で解説）。

コロナ禍前の2019年3月期とコロナ禍の影響が大きかった2021年3月期、2022年3月期を中心に比べてみます。

　ANAは2兆円強あった売上が約7300億円へとわずか35％に縮小、また2021年3月期と2022年3月期合わせて約5500億円の純損失を計上したことにより、自己資本比率はそれまでの41％程度から25％程度にまで急落しました。

　日本航空も売上が1.5兆円弱から約4800億円とわずか32％に縮小、また2021年3月期、2022年3月期と合わせて4600億円あまりの純損失を計上したため、自己資本比率はそれまでの57〜58％程度から33％程度にまで急落しました。

　このようにANAも日本航空もコロナ禍で売上の3分の2が消滅し、2年連続で合わせて数千億円の巨額の純損失を出して財務体質が大きく損なわれた（自己資本比率が低下）という点で、ほぼ同等の大きな打撃を受けたことがわかります。

　PL（売上、利益）、BS（自己資本比率）だけでなく、キャッシュフローの数字の変化にも注目してください。

　両社とも2021年3月期と2022年3月期の2年間は営業キャッシュフローがマイナス、つまり本業でキャッシュが入ってくるどころか逆に流出する緊急事態ともいえる状況になっていたことがわかります。

　では、この間どうやってキャッシュを捻出していたのでしょうか？

　通常はマイナスになることが多い財務キャッシュフローが両社ともこの

2年間はプラスになっていることに注目してください。

その内訳を調べると、銀行からの借り入れ、社債や株式の発行によってキャッシュを調達して本業での失血（キャッシュ流出）をカバーしていた、いわば緊急輸血をしていたということがわかります。

コロナが追い風になった企業も

PESTのうちの**S要因**は少子高齢化、価値観の変化など、大きな潮流変化が少しずつ長年にわたって継続するものが多いですが、コロナ禍は突然人類の前に現れて2、3年の間に大きな爪痕を残したという点で、大規模自然災害に近い性質をもっていたように思います。

なお、コロナ禍でもすべての業種・企業に逆風が吹いたわけではありません。いわゆる巣ごもり消費が活発化したことにより、アマゾンなどのネット通販が活況を呈し、それに伴い宅配便は取扱個数を大きく増やしたことでヤマトHDやSGHD（傘下に佐川急便）には業績の追い風になりました。

ゲームやネットフリックスに代表される動画視聴、さらにはZoomのようなオンライン会議サービス、ウーバーイーツなどの料理宅配にも特需が発生しました。

5 Technological（技術的要因）

生成AIのインパクト

PESTのTは **Technological（技術的要因）** を示します。**図表3に記したように「AI、メタバース／ AR、ロボット、ドローン／空飛ぶ車」などが最近注目を集める代表的な要因としてあげられます**。音楽の聴き方がレコード→CD→配信サービスに変わってきたのも **T要因** によります。

この要因で2023年より爆発的なブームとなっているのがAIです。

2022年11月、米「オープンAI」がChatGPTを無料公開すると、そのすごさは大きな話題となり、「ChatGPTはこれまでのインターネット、スマホの普及に匹敵する、いやそれ以上のインパクトを社会に与える」という認識は共通のものになっています。

企業のビジネス現場でも学校教育現場などでもAIにどう対応するか、どう活用するかさまざまな試行錯誤が行われており、各国政府はAIに対するどのような規制をかけるべきか模索中です。

今ではAIに関するニュース・議論（「使える／使えない」から、リスクまで）を聞かない日はないほどです。書店にはChatGPTやAIに関する経済雑誌、書籍は山積みです。

ここでは **T要因** の主たるものとして、ChatGPTに代表される生成AIが

企業業績にどう影響を与えるかを見てみます。

　話題の中心のChatGPTを開発したオープンAIにはマイクロソフトが累計100億ドル超出資していることが知られていますが、オープンAI自体は上場しているわけではありません。

　もしオープンAIが上場企業ならどれだけの時価総額で評価されるかは誰しも関心のあるテーマだと思いますが、2023年11月、米国のベンチャーキャピタルがオープンAIの従業員持ち株の一部を買う交渉の中で、オープンAIの企業価値は860億ドルにのぼる見通しと伝えられました。同年4月には評価額は290億ドルだったので半年で約3倍になったことになります（「日本経済新聞」2023年11月5日付）。

　一方で、2023年11月にはオープンAIのサム・アルトマンCEOが突然解任された後、復帰するという騒ぎが報じられました。オープンAIは非営利組織が営利企業に出資する独特の構造をとっていることがその背景にあったと指摘されています。

　米国のGAFAM各社（いずれも上場企業）もAIへの対応を進めています。アルファベット（傘下のグーグル）はBardという対話型AIを公開したり、GmailへのAI機能を付加、マイクロソフトはオープンAIに追加投資、検索エンジンBingへのAI機能搭載、Excelなどへの生成AI機能付加などが伝えられています（「週刊ダイヤモンド」2023年6月10・17日号）。

　ただ生成AIブームは始まったばかりで、社会にも企業にもすごいインパクトになりそうだという点ではコンセンサスができつつあるものの、ど

の企業が恩恵を最も受けるかはまだ見通せない状況です。

「マグニフィセント・セブン」入りしたエヌビディア

そうした中、株式市場でAIブームを先取りする形で、株価そして時価総額を大きく上げて注目を集めているのが半導体メーカーのエヌビディア（NVIDIA）です。同社の名前はAIブームとともに日本のメディアなどでも頻繁に目にするようになりました。

AI開発には膨大な演算処理機能が求められるため、演算装置として「GPU」（Graphics Processing Unit：画像処理装置）が利用されます。GPUはその名の通り画像処理を行う装置ですが、最近ではディープラーニング（深層学習）などのAI開発に利用されており、AI向け半導体で世界シェア8割を握るのがエヌビディアなのです。

2023年5月31日、エヌビディアの時価総額は初めて1兆ドル（140兆円）を超えました。半導体メーカーでの時価総額1兆ドル超えは初めてのことです。

この時点で時価総額1兆ドル以上の企業は他に5社だけ。米アップル、マイクロソフト、アルファベット（傘下にグーグル）、アマゾン、そしてサウジアラムコです。

マイクロソフト、アルファベット（グーグル）、メタ（フェイスブック、インスタグラム）、アマゾンなどもAI活用にエヌビディアのGPUを採用しており、どの企業が生成AIブームで主導権をとっても、「エヌビディア

図表7　米「マグニフィセント・セブン」2023年1年間の時価総額変化

	2023年 1年間の変化 (倍)	2023年12月末 時価総額 (億ドル)	2022年12月末 時価総額 (億ドル)
エヌビディア	3.36	12,220	3,634
メタ	2.82	9,118	3,233
テスラ	2.05	7,891	3,855
アマゾン	1.83	15,683	8,558
マイクロソフト	1.56	27,936	17,869
アルファベット	1.53	17,730	11,590
アップル	1.47	30,312	20,649

出所：macrotrends.net より筆者作成

は買い」と見る投資家が多いことが背景にあります。

　エヌビディアの時価総額1兆ドル（140兆円）以上は日本で最大の時価総額をもつトヨタ自動車（42兆円）の3倍以上に相当するので、その大きさの意味が理解できると思います。

　2023年頃から、米株式市場ではGAFAMにエヌビディア、テスラを加えた7社を「マグニフィセント・セブン」と呼ぶことが多くなりました。マグニフィセントは「壮大な、素晴らしい」という意味です。「マグニフィセント・セブン」は日本語のニュアンスでは「神セブン」といったところでしょうか。

　図表7はこれら7社の2023年1年間の時価総額の変化をまとめたものです。

年初からの変化率を高い順に並べると、エヌビディアがその1年だけで時価総額を3倍以上に急伸させていることがわかります。

　時価総額の大きさに着目すると2023年12月末にはマイクロソフトがトップのアップルに迫っています。

　マイクロソフトはエヌビディアに出資しているなど、さまざまなAIサービスで先行しつつあることが評価されているためと考えられます。

　2023年11月、マイクロソフトのサティア・ナデラCEOは「AIのプラットフォーム企業になることを最優先する」と宣言しています（「日本経済新聞」2023年11月18日付）。

クイズ1　EV（電気自動車）補助金でいくらもらえる？

PESTのうち、P要因について。

補助金は、政策当局（国、自治体、その他）がある政策を推進するために、定められた条件を満たした主体（事業者でも消費者でも）などに交付されます。世の中にはさまざまな補助金がありますが、どれも予算上限が決まっており、上限に達すると打ち切りになるケースが一般的です。コロナ禍で需要が激減した旅行、飲食業界を下支えするために「Go To トラベル」「Go To Eat」キャンペーンが展開されたのは記憶に新しいところです。

EV（電気自動車）への補助金は日本でも導入されています。

テスラの主力セダンの「モデル3」のベースプライスは524万円ですが、CEV補助金はいくら出るでしょうか？

＊CEVはClean Energy Vehicle（クリーンエネルギー自動車）を示す。

> 1　35万円
> 2　65万円
> 3　95万円

クイズ**1** 回答

　正解は「**2**　65万円」です。

　テスラモデル3は524万円*という価格なので、このCEV補助金を利用すれば購入者の負担額は実質的に459万円程度になります。12.4％の値引きに相当します。

　このCEV補助金に加え、自治体独自に上乗せで補助金が出ることがあります。

　東京都ではCEV補助金に加え、都独自の補助金が45万円出ます。

　つまり東京都在住ならCEV補助金65万円＋東京都補助金45万円＝110万円の補助金適用が可能なので、524万円のテスラモデル3を実質414万円あまりで（21％の割引相当）で購入することができます。

　私は先日、神奈川県川崎市にあるテスラ販売店を訪れて車を見ていたところ、スタッフからまずCEV補助金のことを説明され、次いで「どこにお住まいですか」と聞かれ東京都と答えたら「東京都にお住まいの方なら都独自の補助金も適用されます」という説明を受けました。

　やはり補助金は重要なセールスツールになっているようです。

　*以上は2023年11月時点でのテスラのホームページ記載情報に基づく

クイズ 2　少子高齢化への対応

　日本の少子高齢化は進む一方で、これまで乳幼児・子供向けのビジネスを中心に据えていた企業も、何らかの対応を迫られています。

　今まで乳幼児・子供向けの事業を主軸に展開してきた以下の企業はどのような方策をとって少子高齢化に対応しようとしているでしょうか？

　企業（A、B、C）の対応を方策（1、2）から選んでください。

企業名

A　ユニ・チャーム（ベビー向けおむつなどが主体）

B　ピジョン（哺乳瓶はじめ育児用品などが主体）

C　ベネッセ・HD（小中高生向け添削「進研ゼミ」が主体）

方策

1　乳幼児・子供以外の客層の開拓

2　海外進出

以下のような対応になります。

A　ユニ・チャーム

1　乳幼児・子供以外の客層の開拓（ベビー向けおむつ、生理用品で培った技術を大人向けおむつ、ペットケアなどに展開して客層を広げる）

2　海外展開（中国を中心にアジアに展開。海外売上比率66%）

B　ピジョン

2　海外展開（中国、シンガポールを中心に展開。海外売上比率64%）

C　ベネッセHD

1　乳幼児・子供以外の客層の開拓（高齢者向け介護ホーム事業が第二の柱に。介護事業セグメントの売上構成比32%）

　私は子供の頃にヤマハ音楽教室に通っていました。現在では少子高齢化を受けてヤマハも「大人の音楽レッスン」を多くの楽器で展開していますが、これも同じ文脈で理解することができます。

　もっともヤマハの海外売上比率は76%にも達しており、今では海外（北米が最大）がヤマハの主力市場になっています。

4 章

決算書を
読み解くスキル

1 財務3表の基本知識

　決算書を読み解くスキルは、コンサルタントにはもちろん、ビジネスパーソンにも投資家にも求められる、汎用スキルです。

　財務3表とは、以下の3つを指します。
①バランスシート（貸借対照表）
②損益計算書
③キャッシュフロー計算書

　このうち、①バランスシートはストック（ある時点＝通常、期末の財政状態を示す）、②損益計算書と③キャッシュフロー計算書はフロー（通常、決算期1年間などの経営成績を示す）のデータです。

　会計の教科書やビジネス会話では、①バランスシート（Balance Sheet）を略してBS、②損益計算書（Profit and Loss Statement）をPL、③キャッシュフロー計算書（Cash Flow Statement）をCSあるいはCFと呼ぶことが多いです。

　ただし実際の英文の決算書では、①バランスシートは「statement of financial position」などと表記されることがあります。また②損益計算書は「statement of income」「statement of operations」と表記され

ることが多く、「Profit and Loss Statement」を実際の英文の決算書で見ることはありません。

なお上場企業は四半期ごとに決算を発表します。海外では四半期単位での決算が重視されますが、日本では通期決算（多くは3月末を年度末とする1年間）の成績が重視されるという違いがあります。

小売り、外食、航空、鉄道などでは月次の客数、売上などを公表していることも多く、これらは四半期決算の先行指標にもなります。

財務3表の基本的な見方は以下の通りです。

① バランスシート（貸借対照表）

企業がどのように資金を集め（バランスシートの右側＝負債・資本）、その資金が何に投じられているか（左側＝資産）を示したのがバランスシートです。

バランスシートは、企業の安全性を確認するのに用いられます。安全性を示す最も代表的な指標が自己資本比率（自己資本を総資産で割った比率）で、この自己資本比率が高いほど、安全性が高いとみなされます。一般には30〜40％以上あることが望ましく、10％以下だと危険水域とされます。

自己資本がマイナスの状態を債務超過と呼びます。債務超過は破綻ないしそれ寸前の状態を示します。

② 損益計算書

　企業が一定期間（決算期間の１年間あるいは半年、四半期）にいくらの売上があり、どのような費用が発生して、結果どれだけ利益（損失）が出たかを示すのが損益計算書です。

　損益計算書は企業の成長性（売上、利益の伸び率）、収益性（売上に対する利益率）を確認するのに用いられます。

　近年注目度が高まっているROE（Return on Equity：自己資本利益率）も収益性を示す指標です。ROEの分母（純利益）は損益計算書、分子（自己資本）はバランスシートからとられています。つまりROEはPLとBSの複合指標なのです。なおROIC（Return on Invested Capital：投下資本利益率）やROA（Return on Assets：総資産利益率）もPLとBSの複合指標です。

　これらの指標の関係は第５章で説明します。

　日本の会計基準では損益計算書には利益が「売上総利益」「営業利益」「経常利益」「税引前純利益」「（税金を引いた後の）純利益」という５段階もあるのが特徴です。

　それぞれの関係は以下のように示されます。

売上 − 売上原価 ＝ 売上総利益

売上総利益 − 販売及び一般管理費 ＝ 営業利益

営業利益 ＋ 営業外収益 − 営業外費用 ＝ 経常利益
＊営業外収益は受取利息、持分法投資利益、為替差益など
＊営業外費用は支払利息、持分法投資損失、為替差損など

経常利益 ＋ 特別利益 − 特別損失 ＝ 税引前純利益
＊特別利益は賠償金の獲得など
＊特別損失はいわゆるリストラ費用、災害による損失、賠償金の支払いなど

税引前純利益 − 税金等 ＝ 純利益

　このような損益計算書の構造は日本の会計基準に特有のものであることに注意が必要です。日本でも有力企業が多く採用するIFRS（国際会計基準）や米国基準では営業外収益、経常利益、特別利益という概念がありません。

　日本でのIFRS採用企業は年々増えています。2023年6月末時点で東証全上場企業約3800社のうち274社と社数ベースでは7％ですが、時価総額ベースでは47％と過半数に近づきつつあります。

③ キャッシュフロー計算書

　財務3表のうち、キャッシュフロー計算書は日本の上場企業には2000年3月期決算から開示が義務付けられています。

　そのため歴史の長いバランスシート（貸借対照表）や損益計算書に比べて、その読み方まで理解している人は多くないのが実情です。

キャッシュフロー計算書の要点は、以下のようになります。

●企業は本業の「営業キャッシュフロー」で稼いだキャッシュを
●設備投資や M&A などの「投資キャッシュフロー」に回し
●借金返済や（配当、自社株買いなど）株主還元のため
　「財務キャッシュフロー」に回す

キャッシュフロー計算書は、これら一連のキャッシュの流れがどうなっているのかを示したものです。
　キャッシュフローは人体の血液の流れにもたとえられます。キャッシュが順調に生成されて流れているかどうか、キャッシュの流れに何か異常なことはないかを見るのがキャッシュフロー計算書の目的です。
　見方としては、営業キャッシュフローは常にプラス（キャッシュイン）であることが必要です。本業のビジネスでマイナス、つまりキャッシュが生み出されていないとしたら、それだけでまずいことです。
　多くの場合、投資キャッシュフロー、財務キャッシュフローはマイナス（キャッシュアウト）であることが一般的です。設備投資をすれば投資キャッシュフローのマイナスとなり、借金返済や配当・自社株買いなどの株主還元を行えば財務キャッシュフローのマイナスとなるからです。

2　財務3表相互の関係

　3つの表は独立して個別に存在するわけではなく、相互に関連しあっています。

　ここで、財務3表の基本的な関係を説明しておきましょう。

損益計算書とバランスシートの関係

　財務3表の相互関係のうち、最も重要度が高いのがここです。

　損益計算書には複数の利益がありますが、税金を引いた後の最後の「純利益」が、その期末のバランスシートの自己資本（自己資本の構成要素である「利益剰余金」）にプールされていきます。正確には、純利益から配当、自社株買いなどを除いた金額がプールされていきます。

　この利益剰余金というものは、会計になじみのない人にとっては耳慣れない用語だと思いますが、英語では「retained earnings」といい、直訳すれば「保持された利益」、意訳すれば「過去から貯め込んだ利益」です。**要はその会社がこれまでに毎年の損益計算書であげてきた累積の純利益が「利益剰余金」なのです。**

　したがって、長年にわたって高い純利益をあげている会社のバランスシートは必然的に利益剰余金、ひいては自己資本が積み上がっていき、自己資本比率は高くなっていきます。

逆に、毎年、純利益がマイナス（純損失と呼ぶ）の会社は、毎年、利益剰余金が減少し、ひいては自己資本を減らしていくため、自己資本比率はどんどん下がっていきます。

　第3章の4節で、航空会社がコロナ禍で大幅な赤字を出し、そのことが自己資本を減らし、自己資本比率を下げていったことを数字で説明しているので、再度確認してみてください。

図表8　損益計算書とバランスシートの関係

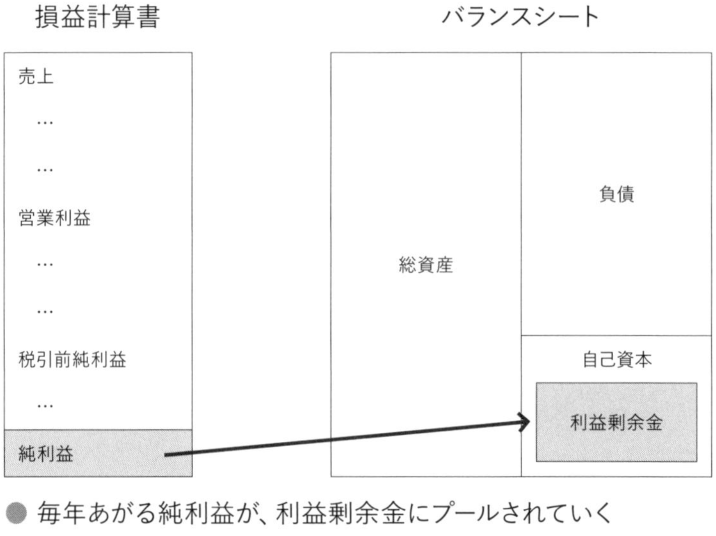

損益計算書　　　　　　　　　　　バランスシート

損益計算書
売上
…
…
営業利益
…
…
税引前純利益
…
純利益

総資産	負債
	自己資本
	利益剰余金

● 毎年あがる純利益が、利益剰余金にプールされていく

出所：筆者作成

損益計算書とキャッシュフロー計算書の関係

　損益計算書の税引前純利益が、本業の稼ぎを示す営業キャッシュフローの起点のベース項目になります（会計基準が日本基準の場合。IFRSなどでは起点の利益が異なる）。これに減価償却費や減損損失など、実際にはその期にキャッシュアウトしない費用項目を足し戻すなど、さまざまな調

図表9　損益計算書とキャッシュフロー計算書の関係

損益計算書

キャッシュフロー計算書

損益計算書	
売上	
…	
減価償却費	
営業利益	
…	
減損損失	
税引前純利益	
…	
純利益	

キャッシュフロー計算書	
営業キャッシュフロー	
税引前純利益	
減価償却費	
減損損失	
…	
投資キャッシュフロー	
財務キャッシュフロー	
期首現金残高	
期末現金残高	

● 税引前純利益が、営業キャッシュフローの起点のベース項目になる

● 減価償却費、減損損失は損益計算書では費用だが、
　キャッシュアウトを伴わないので、営業キャッシュフローに足し戻す

出所：筆者作成

整を経て営業キャッシュフローが計算されます。

　このように利益が営業キャッシュフローのベースになっているのですが、注意が必要なのは利益と営業キャッシュフローはイコールではないことです。

　損益計算書で利益が出ていたとしても、営業キャッシュフローの計算にあたっては、売掛金（取引先に販売はしたがまだ代金が未回収のもの）や在庫などが増加していれば、それは営業キャッシュフローからマイナスされます。逆に売掛金や在庫が減少すれば、営業キャッシュフローのプラス要因になります。損益計算書で売上・利益が出ていても、その代金が現金として本当に回収されない限り、それらは帳簿上の売上・利益にすぎないのです。このため、利益があっても現金がなくなって黒字倒産してしまうことがありえます。

　損益計算書で利益を出していても、営業キャッシュフローがマイナスという異常な状態が長く続く会社は、架空の売上・利益の計上を続けて粉飾決算を行っている可能性が疑われます。

バランスシートとキャッシュフロー計算書の関係

　バランスシートの左上に表示される現預金、つまりキャッシュは、キャッシュフロー計算書で一番下に示される期末現金残高とだいたい一致します（両者の定義に違いがあるため完全には一致しない）。

　バランスシートに示される売上債権や棚卸資産、また仕入債務の二時点

の変化は営業キャッシュフローの増減に反映されます。売上債権・棚卸資産が増加すれば営業キャッシュフローを減少させる要因に、仕入債務が増加すれば営業キャッシュフローを増加させる要因になるのです。

図表10　バランスシートとキャッシュフロー計算書の関係

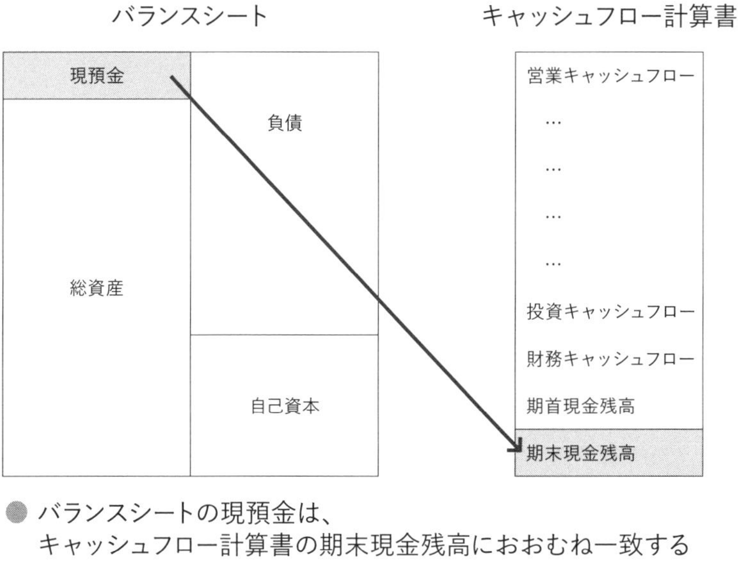

● バランスシートの現預金は、
　キャッシュフロー計算書の期末現金残高におおむね一致する

出所：筆者作成

3 財務分析 7つの切り口

　ここまでの内容を基礎知識として、実際のコンサルティング案件ではクライアント企業と競合他社の財務比較分析を行うことがよくあります。

　私が社内外で行っている研修・講義などでは、図表11の7つの切り口で2社、あるいは3社を比較します。

　クライアント企業向けの部課長研修などでは、参加する部課長が所属する会社と代表的な競合企業の比較を行い、両社の数字の違いを認識してもらい、その理由を議論します。

　新人コンサルタント向けには、多くの国から海外社員も参加するので、多国籍のメンバーの誰もがイメージできる企業として、トヨタ自動車とフォルクスワーゲン、ソニーグループとアップルの比較などを行います。

　各々について解説していきましょう。

① 規模

　通常、財務分析では企業規模そのものを取り上げることはあまりありませんが、私はまず両社の企業規模を比較します。

　規模の指標としては直近の売上高と総資産を用います。場合により従業員数も使います。

　規模の大小は企業の優劣を決める要因ではありませんが、社会における

図表11　財務分析 7つの切り口 まとめフォーマット

	A社	B社	両社比較
① **規模** 　● 売上高、総資産の大きさ			
② **成長性** 　● 売上高中期成長トレンド			
③ **収益性** 　● 売上高営業利益率、 　　ROEの中期トレンド			
④ **セグメント情報** 　● 事業、地域ごとの売上・利益構成比 　● どの事業、地域が貢献？			
⑤ **安全性** 　● 自己資本比率、D/Eレシオ 　　注：これはBSを図に書いて比較			
⑥ **キャッシュフロー** 　● 営業、投資、財務各CFの流れは 　　健全か、異常な動きの有無は？			
⑦ **時価総額** 　● 時価総額の大きさ・変化 　● PBR（時価総額÷自己資本）			
評価とコメント 　● 両社の数字の違いはなぜ？ 　● 両社をどう評価するか？			総合コメント

出所：筆者作成

存在感を示す指標としての意味があります。

② 成長性

　会計において成長性という言葉は、一般に売上高の成長性を示します。ただし、投資家は売上よりも利益成長に関心をもちます。

　ここで重要なのは、前年からの売上成長率を見るだけでなく、数年分（最低でも３年、できれば５年程度）の中期データを利用することです。

　たまたま直近の伸びが大きかった／小さかったのか、それともそのトレンドは数年続いているのか、成長率が年々減速しているならなぜか、など数年の中期データを見ることによってわかることがたくさんあります。

　売上（利益）成長指標は損益計算書からとってきます。

③ 収益性

　収益性はどれくらい儲かっているのかを示します。収益性指標は比率が高いほど望ましいです。

　代表的な収益性指標として売上高営業利益率を用います。必要に応じて売上高純利益率を用いることもあります。これらの指標は損益計算書からとってきます。

　営業利益率に加え、近年のROE重視の流れを受けて、ROE（純利益÷自己資本）もあわせて見ます。**ROEの分子（純利益）は損益計算書から、分母（自己資本）はバランスシートからとるので、ROEはPLとBSの複**

合指標です。

　収益性も一時点だけの利益率やROEではなく、数年の変化を見ることによって収益性が上がっているのか、下がっているのか、横ばいか、その理由は何か、の解釈につなげます。

④ セグメント情報

　企業の業績では通常、国内外のグループ会社などの数字をすべて合算した連結決算の数値が用いられます。

　そうすると、全体（連結業績）の中で、どの事業、どの地域が稼いでいるのか、あるいは足を引っ張っているのかが、埋もれてしまいます。

　これを明らかにするのがセグメント情報です。**社名から受けるイメージと、実際の利益を稼ぐ事業が異なる企業も珍しくなく、分析をしていくと意外な発見が出てきやすいのがセグメント情報です。**

　なおセグメント情報は、損益計算書を細分化したものといえますが、企業が発表する連結損益計算書の中にはありません。決算短信などのIR情報に「セグメント情報」として別途記載されています。

　セグメント情報については、次節で具体的な企業事例を取り上げます。

⑤ 安全性

　一時的な赤字発生など、多少の逆風が吹いても会社が揺らぐことがないかを見るのが安全性です。安全性指標はバランスシートからとります。

代表的な安全性指標は自己資本比率（自己資本÷総資産）です。

自己資本比率だけでも悪くないですが、D/Eレシオ（有利子負債÷自己資本）もあわせて見るのが望ましいです。

同じ水準の自己資本比率であっても有利子負債の大小により実質的な安全度は異なるので、そこまで見るならD/Eレシオもあわせて調べることをおすすめします。

自己資本比率は高い方が安全ですが、D/Eレシオは低い方が安全と判断されます。見方が逆なので注意が必要です。

なおバランスシートについては、私は研修・講義の際には数字を見るだけでなく、必ず縮尺法で図示してもらうようにしています。「縮尺法」とは、図の大きさを実際の比率に合わせて作図する方法です。これにより、規模の大きい会社のBSは大きく、小さい会社のBSは小さく表示され、各社のバランスシートの特徴・安全性もビジュアルでわかるようになります。

⑥ キャッシュフロー

キャッシュフローはキャッシュフロー計算書から取ります。

営業、投資、財務の3つのキャッシュフローに分かれているので、それぞれの水準・変化、できれば数年分を見ます。

各キャッシュフローのプラスはキャッシュイン（資金流入）、マイナスはキャッシュアウト（資金流出）を示します。

まずチェックすべきは、毎年営業キャッシュフローがプラスかどうか、

つまり本業でキャッシュを稼いでいるかどうかです。次いで、投資キャッシュフローや財務キャッシュフローに異常な変化がないか。これらがプラスでもマイナスでも、営業キャッシュフローを上回る大きさの数字になっていないか、あるとすればその原因は何か、を探ります。

　キャッシュフローの数字の解釈・評価は、初学者には他の項目より難度が高いというのが私の実感です。

　数字で異常な動きがあることまでわかっても、その理由を推測するのが難しいからです。理由を特定するには決算短信のキャッシュフロー計算書の細目までチェックすることが必要な場合が多いです。

⑦ 時価総額

　時価総額は、株価×発行済株式数で算出されます。

　時価総額は株式市場で今その会社の株を100％取得するためにはいくら必要かを示すので、簡単にいうと、その会社の値段、企業価値を端的に表す指標です。

　7つの分析の切り口のうち、この時価総額だけは財務3表のどこを見ても載っていません。

　時価総額は日々刻々と動く株価に株式数をかけて算出されるからです。Yahoo! ファイナンスや「日経電子版」などのサイトでは上場企業の時価総額はほぼリアルタイムでわかります。

　今では時価総額は上場企業の企業価値を最も端的に示す指標、企業の総

合的な評価指標として認識されています。

　M&Aの際には、いくらで企業を売るか／買うかは時価総額をベースに判断されます。「時価総額でA社がB社を逆転」などのニュースを見ることも多くなってきました。

　時価総額に加え、PBR（時価総額÷自己資本）の数値を見ることも必要です。時価総額そのものは大きくても、PBRが低い（特に1倍割れ）場合は、株式市場からの評価が低いことを意味します。

　時価総額、PBRについては、第5章で実際の企業データを使って見ていきます。

4 セグメント情報からわかる 企業の本当の姿

　上場企業の決算報告はグループ企業をすべて合わせた連結決算の数値として報告され、投資家から評価されます。

　しかし、大企業であればどこでも複数の事業を展開しています。**こうした各々の事業は事業セグメントと呼ばれます**。セグメントはもともと、部分、区分などを意味する英語です。

　多くの場合、事業セグメントは5つ前後の数に分かれており、決算短信や有価証券報告書などのIR資料で開示されます。

　個別の事業セグメントごとに売上、営業利益、資産などがわかるので、

事業ごとの売上高営業利益率や資産に対する営業利益率を算出することもできます。

　ここでは、いくつかの会社のセグメント情報が実際にどのようになっているか、どの事業が利益を多く稼ぎ、あるいは足を引っ張っているかを見てみます。

楽天の事業セグメント

　楽天グループといえば以前はアマゾン同様、楽天市場を中心とするEコマースが事業の柱とみなされていましたが、2020年に参入した携帯事業の赤字が大きく、財務体質に関する懸念のニュースが最近ではたびたび報じられるようになっています。

　同社は2020年に巨額の借り入れと設備投資を行って携帯事業に参入したものの、同事業の赤字が連結業績の足を大きく引っ張っているからです。

　楽天グループではセグメントを①インターネットサービス（Eコマースなど）、②フィンテック（楽天カード、銀行、証券などの金融）、③モバイル（携帯）の３つに分けています。

　直近２年間（2022年12月期と2021年12月期）の連結およびセグメント別損益は次ページの図表12の通りです。

　Eコマースと金融で合わせて約2000億円近い利益を稼いでも、モバイルの4000億円超にものぼる巨額の損失がそれを食いつぶしていることが明らかです。

図表12　楽天グループ 連結業績と事業セグメント別損益

単位：億円

	2021年12月期	2022年12月期
連結		
売上	1兆6,817	1兆9,278
営業利益	▲1,947	▲3,638
事業セグメント別営業利益		
Eコマース	1,033	782
金融	891	987
モバイル	▲4,211	▲4,928

出所：IR資料より筆者作成

　バランスシート、キャッシュフローの面で見ても携帯事業は巨額の設備投資、そのための借り入れ、さらには借り換えが必要で、そのことが同社の財務的な重荷になっています。

ソニーの事業セグメント

　「ソニーグループは何の会社？」と聞かれてどのような答えが返ってくるかは世代によっても異なりそうです。ある程度の年齢以上であれば「テレビ、ウォークマンなどのエレクトロニクスの会社」という答えが多そうですが、比較的若い層であれば「ゲーム、プレイステーションの会社」ととらえているのではないでしょうか。

　ソニーグループはセグメントを6つに分けています（「その他」を除く）。2023年3月期の連結営業利益約1.2兆円のうち、エレクトロニクスは

1800億円にとどまっています。多くの利益を出しているのはゲーム（2500億円）、音楽（2600億円）、映画（1200億円）なので、これらエンターテインメント（エンタメ）3分野を合わせた6300億円で利益の過半を占めています。その前の期は営業利益1.2兆円のうちエンタメ3分野で6割強の7700億円を稼いでいました。

　他には金融（2200億円）、イメージセンサーなど（2100億円）の各セグメントも利益を稼ぐ、複合事業体が今のソニーグループの姿です。

イオンの事業セグメント

　イオンという社名から、多くの人はスーパーなどの小売業という印象をもつものと思われます。

　同社の2023年2月期の連結売上は9.1兆円、営業利益は2100億円です。

　連結売上の65％を占める祖業のスーパーなどの小売り事業（GMS、SMセグメント）による営業利益は全体の2割にも満たず、370億円程度にすぎません。

　営業利益2100億円の多くはカード、銀行などの金融事業（600億円）、イオンモールの「ディベロッパー事業」（450億円）、ドラッグストア「ウエルシア」などの「ヘルス＆ウェルネス事業」（440億円）などの非・スー

　注：イオンモールは消費者から見れば小売業ですが、イオンがショッピングモールを開発して、そこに入店するテナントからの賃料がイオンの収益になるので、不動産業（ディベロッパー）です。

パー事業で稼ぎ出されています。

フジ・メディアの事業セグメント

　フジ・メディア・HDはフジサンケイグループに属し、フジテレビジョンを中核事業子会社とする持ち株会社です。

　同社の名前からは当然、テレビ局の会社と思われます。事実、2023年3月期の連結売上5300億円の8割近くがフジテレビを中心とするメディア事業の売上です。

　ところが利益構造は大きく異なります。営業利益310億円のうち、メディア事業は170億円、これに匹敵するのがサンケイビルなどの不動産事業の150億円です。

　利益構造という点で、同社を単にテレビ局と認識するのは正確ではなく、テレビ局と不動産がほぼ同レベルの利益を出す会社と見るのが正しいのです。

　このようにセグメント情報の面白さは、「この会社は○○業の会社と思っていたけれど、実は△△業で多くの利益を稼いでいる／足を引っ張っている」という意外な事実がわかることです。

5 企業は、 世界のどこで稼いでいる？

　企業活動のグローバル化、相次ぐ戦乱や米中対立などによって世界の地政学リスクが高まっている今日、**企業が世界のどの地域で収益をあげているかも実態を理解するうえで重要なポイントです**。

　ここではもう一つのセグメントである地域ごとの損益情報はどこからどのようにとれるのかを説明します。

　地域セグメント情報についての情報開示方法は、事業セグメント情報に比べて統一的なルールがなく、数字をとるのに苦労することも多いです。なお、「会社四季報」では事業セグメントごとの売上構成比、営業利益率が記載されていますが、地域に関しては「海外売上比率○％」とまとめて表示されるだけです。

　以下、海外売上比率の高い製造業、小売業の代表的な4社が地域セグメント情報をどこでどのように開示しているか確認します。

ホンダの地域セグメント

　ホンダ（海外売上比率86％、2023年3月期）の地域区分は「日本」「北米」「欧州」「アジア」「その他」ですが、地域ごとの情報のありかはさまざまに分かれています。

　決算短信では、これら地域ごとの売上、営業利益、資産などが示されて

いるので地域ごとの利益率（日本とアジアが10％強、北米３％、欧州が赤字など）がわかります。

「決算説明会資料」では地域ごと、事業（二輪、四輪など）ごとの販売台数が示されています。

さらに「連結決算参考資料」では地域ごと、事業（二輪、四輪など）ごとの売上が示されています。

これらを活用すれば、さまざまな分析が可能です。

パナソニックの地域セグメント

パナソニックHD（海外売上比率60％、2023年３月期）の決算短信のセグメント情報には「くらし事業」「オートモーティブ」「インダストリー」などの事業セグメント情報しか記載がありませんが、別紙「決算補足資料」に「地域別売上高」として「日本」「米州」「欧州」「アジア」「中国」と５区分の売上が開示されています。日本（39％）に次いで海外では米州（24％）、アジア（15％）の順に売上構成比が高いことがわかります。

地域別利益の開示はありません。

ファーストリテイリングの地域セグメント

ユニクロなどを展開するファーストリテイリング（海外売上比率56％、2023年８月期）では、決算短信で開示する事業セグメント区分が「国内ユニクロ事業」「海外ユニクロ事業」「ジーユー事業」「その他グローバル

ブランド事業」で、売上、営業利益が開示されています。主力のユニクロ事業では国内（13％）と海外（16％）の営業利益率がほぼ同水準にあることがわかります。

　このうち国内外ユニクロ事業については「日本」「グレーターチャイナ」「韓国・東南アジア・インド・豪州」「北米」「欧州」と5区分の売上も開示されます。グレーターチャイナ（27％）が日本（38％）に次いで主力のユニクロ事業の売上が大きい地域とわかります（数字はユニクロ全体を100％とした比率）。

　なお利益の開示はありません。

　これらとは別にホームページのIR情報の店舗数ページでは、ユニクロの国別店舗数が開示されています。国内ユニクロ800店に対して海外ユニクロは倍の1634店とわかります。

セブン＆アイの地域セグメント

　セブン＆アイHD（海外売上比率75％、2023年2月期）の事業セグメントは6つに分かれますが、連結営業利益（約5000億円）の大半は海外コンビニ事業（2900億円）、国内コンビニ事業（2300億円）で説明がつきます。

　決算短信の参考情報では「日本」「北米」「その他」に地域別情報がまとめられていますが、営業利益は北米2800億円、日本2350億円と上記事業セグメント情報とほぼ同じです。

なお同社で海外（ほぼ北米）コンビニ事業の利益が日本のコンビニ事業を上回ったのは2023年2月期が初めてです。米国でコンビニのスピードウェイの買収が貢献したことによります。

　このように地域セグメントの開示の仕方は、各社各様というのが実態です。**決算短信のセグメント情報欄にズバリ欲しい情報がなくても、前後のページ、あるいは決算短信以外の「参考情報」「ファクトブック」などに記載されているケースもよくあります。**

　コンサルタント、アナリスト、投資家などIR情報を活用する立場としては、重要性を増す地域セグメント情報について企業側にもう少し統一的な開示を望みたいところです。

クイズ1　海外進出の進んだ食品会社はどれ？

　日本企業で古くから海外進出、グローバル化を進めていた代表的な業界は自動車、電機です。

　海外売上比率は、自動車ではホンダ86％、トヨタ自動車82％、日産自動車82％、電機ではソニーG 77％、日立製作所62％、パナソニックHD 60％などとなっています（2023年3月期）。

　食品業界は、かつては「国・地域によって味の好みが異なるため、海外進出は難しいので代表的なドメスティック（内需型）産業」といわれていましたが、近年ではずいぶん変わってきています。

　以下の3社を海外売上比率の高い順に並べてください。

　1位の会社の海外売上比率は75％、2位の会社は62％、3位の会社は37％です。

    1 キッコーマン
    2 味の素
    3 日清食品HD

正解は以下の通りです（2023年3月期）。

1　キッコーマン　75％

2　味の素　　　　62％

3　日清食品HD　37％

　キッコーマンの主力商品はしょうゆなのでこの3社の中では最も和食のイメージが強く、海外売上比率は低いと思われがちですが、上記の結果になりました。

　主力市場・商品は米国（海外売上の72％）でのしょうゆ事業です。米国市場の開拓について同社のホームページには次のように記載されています。

　アメリカでのしょうゆの普及は、肉料理としょうゆの相性のよさを伝えたことで飛躍的に広がりました。まず、スーパーマーケットを中心に、しょうゆを肉につけて焼き、試食してもらうデモンストレーションを行いました。（中略）

　"Delicious on Meat" というキャッチフレーズで、これらの積極的なプロモーションを行った結果、しょうゆは肉料理にとてもよく合う調味料である、ということが理解されていきました。

クイズ2　ポルシェ1台でVW何台分の利益を稼ぐ？

　独フォルクスワーゲン（VW）は、傘下に多数のブランドを持っています。業績に大きな影響を与える主力ブランドは3つあります。大黒柱のVW(乗用車)と高級ブランドのアウディとポルシェです。

　同社は主要ブランドごとの販売台数、売上、利益を開示しています（日本の自動車メーカーでここまで開示する会社はありません）。そのためブランドごと、1台あたりの利益まで計算することができます。

　ではポルシェ1台の利益は、VW何台分の利益に相当するでしょうか？

1　10台分

2　20台分

3　30台分

　正解は「**2　20台分**」です。

　いわゆる高級ブランドは、そうでないブランドより利幅が大きくとれるということがビジネスの常識のように語られますが、VWのように公開されている情報のみでブランドごとの利益率、1台ごとの利益まで計算できるケースはまれです。

　ポルシェ1台でVW20台分の利益に相当し、アウディ1台はVW 7台分の利益に相当します。

　営業利益率はVW3.6％、アウディ12.3％、ポルシェ18.6％です。

　この3ブランド間の利益率の差は、例年大きく変わりません。

ポルシェ1台の利益はVWの何台分か？（2022年12月期）

	販売台数 （万台）	営業利益率 （%）	1台あたり利益* （万円）	倍率（VWを1） （倍）
VW	259	3.6	13.9	1
アウディ	107	12.3	96.9	7
ポルシェ	31	18.6	278.2	20

＊1ユーロ＝136円（2022年平均）として換算
出所：VW IR資料より筆者作成

5章

投資家の視点を
読み解くスキル

1 企業と投資家のギャップ

重視する経営指標は異なる

コンサルのクライアントの多くは東証プライム上場企業です。その会社自体は非上場であっても、親会社が上場企業という場合も少なくありません。

NTTドコモ、三菱UFJ銀行、富士フイルム、全日本空輸……。これらの企業はいずれも非上場ですが、親会社が上場する持ち株会社で、これらの企業は傘下の中核事業会社なので実質的には上場企業と何ら変わりません。

そして上場企業であれば、投資家に評価されるような成長ストーリーをどう描くかもコンサルタントに求められる重要な仕事です。

一般に、企業が目指す経営指標と、投資家（特に外国人投資家、機関投資家）が重視する経営指標には多かれ少なかれギャップがあります。

企業と投資家は常に対話を繰り返していますが、立場が違えば重視する経営指標も異なります。

両者の間にどのようなギャップがあるかについては生命保険協会が毎年、上場企業と機関投資家に対して行うアンケート調査「生命保険会社の資産運用を通じた『株式市場の活性化』と『持続可能な社会の実現』に向けた取組について」でまとめているので紹介します。

　この調査では、上場企業に対しては「中期経営計画の指標」、機関投資家に対しては「（企業が）経営目標として重視すべき指標」をたずねています。

　選択肢は「売上高（の伸び率）」「利益額（の伸び率）」「ROE」「資本コスト（WACC等）」など20の経営指標で複数回答可です。

　企業と投資家で特にギャップが大きい経営指標はどのようなものか、それはなぜかを想像してみてください。

　双方の回答を比較したものが次ページの図表13です。両者の間に大きなギャップがある項目は次の7指標です。

●企業＞投資家…企業は重視しているが、投資家はそうではない指標
　「売上高（の伸び率）」「利益額（の伸び率）」「売上高利益率」
●投資家＞企業…投資家は重視しているのに、企業はそうではない指標
　「ROE」「ROIC」「資本コスト（WACCなど）」「総還元性向＊」
このようにコントラストがハッキリ出ていることがわかります。
＊総還元性向＝（配当＋自己株式取得）÷純利益

　要約すると、企業は売上・利益という従前の損益計算書指標を重視しているのに対して、投資家はROE、ROIC、資本コストに代表される資本効率性を重視している点に、両者に大きなギャップがあるということです。

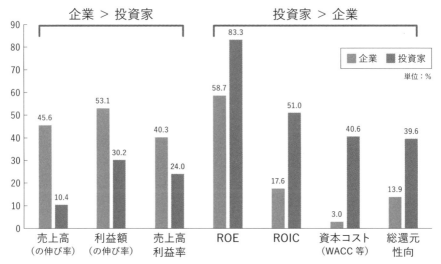

図表13　重視する経営指標 企業と投資家のギャップ

出所：生命保険協会調査（2023年）より筆者作成

売上と利益だけでは不十分

　投資家は求める投資パフォーマンスをあげるうえで、売上・利益という損益計算書指標だけでは企業を判断することはもはや不十分と認識しています。今ではROEや資本コストなどの資本効率性なども考慮して企業を評価するのが合理的であると考えているのです。

　注目すべきは、ROEは投資家＞企業のギャップがある中、企業も6割近くが重要指標として選んでいるのに対して、ROICや資本コスト（WACC

など）については、投資家が重視していても企業はほとんど反応していないことです。**つまりROEは企業と投資家の双方にとっての「共通言語」になりつつある一方、ROICや資本コストはまだ両者のギャップが大きいということです。**

　なお、ROE、ROICや資本コストなどの関係については次節で取り上げます。

　このことは企業が中期経営計画を作成する際に、ターゲットとして掲げる経営指標が従来通りの「20XX年に売上高○億円、利益○億円」というものにとどまると、それを見た投資家からは「えっ、売上と利益だけ？ ROEの目標も資本コストの認識もこの会社にはないの？」とネガティブに評価されてしまう可能性が高いことを意味します。

　企業と投資家は立場が違うので重視する経営指標に違いがあって当然といえば当然ですが、企業は投資家が重視する経営指標も理解して経営計画やそれを裏付ける経営指標の目標を発表する必要があることを図表13は示しています。

資本収益性重視の傾向が強まる

　私は大手企業の部長クラスの財務研修講師を担当することも多いですが、上述のギャップの説明をすると、多くの場合、知らなかった、ビックリしたという感想をもらいます。良くも悪くも企業の現場、特に営業現場に近い人ほど「重要指標は売上と利益。以上」という考えが根強いのが実態な

のでしょう。

　なお2023年３月に東京証券取引所が上場企業向けに出した提言「資本コストや株価を意識した経営の実現に向けた対応について」の中でも次のメッセージが示されています。

　「持続的な成長と中長期的な企業価値向上を実現するため、**単に損益計算書上の売上や利益水準を意識するだけでなく、バランスシートをベースとする資本コストや資本収益性を意識した経営の実践**」が求められる。

2 　混同しがちな指標の関係は？

　2014年に伊藤邦雄一橋大学大学院教授（当時）が「日本企業は最低でもROE ８％を目指すべき」と打ち出した提言（通称「伊藤レポート」）は大きな反響を呼びました。レポートではその根拠として、日本企業に求められる「資本コスト」が７％超であることをあげています。

　最近は資本コスト、株主資本コスト、WACC（加重平均資本コスト）などの用語を企業のIR資料などで見かける機会も増えています。

　私が研修や講義などで受講者の様子を見ていると、次のような感想を漏らす人が少なくありません。

　「単に売上や利益だけではなく、ROEや資本コストが最近大切になって

きていることは理解した。ROEくらいまでは単純な計算なのでまだわかるが、資本コストはいくつかあるようで頭が混乱してしまう。そもそもROEと資本コストとはどういう関係なのか？」

似たような概念の言葉がいくつも出てくるので無理もないことです。

指標の関係を図で理解

多くの概念の関係がわからず混乱する人も増えているため、私は研修テキストに次ページのような一覧図をつけるようにしました（図表14）。混同しがちな概念の違いを一目でわかるようにすることが狙いです。

図の左からA〜Eの順に説明します。各々同じ色の部分が対応していることに注意してください。数値はいずれも説明のための例です。

A．バランスシート

バランスシートのみ縮尺法で描かれています（B〜Eは縮尺法ではありません）。有利子負債と自己資本を足したものが投下資本＝Invested Capitalです。自己資本はEquityです。

B．対応する損益計算書の利益
C．対応する利益率

自己資本250に対応する利益が純利益25なので、ROEは25／250×100 ＝ 10％です。

図表14　ROE、ROIC、資本コスト各数値の関係

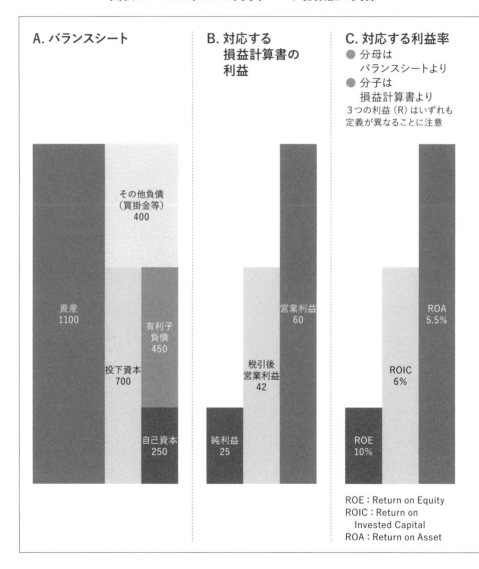

A. バランスシート

その他負債
（買掛金等）
400

資産
1100

有利子
負債
450

投下資本
700

自己資本
250

B. 対応する
　損益計算書の
　利益

営業利益
60

税引後
営業利益
42

純利益
25

C. 対応する利益率
● 分母は
　バランスシートより
● 分子は
　損益計算書より
3つの利益（R）はいずれも
定義が異なることに注意

ROA
5.5%

ROIC
6%

ROE
10%

ROE：Return on Equity
ROIC：Return on
　　　Invested Capital
ROA：Return on Asset

D. 株主、債権者の
　期待するリターン
　＝資本コスト

E. 結局、
　どのように見たら
　いいか？

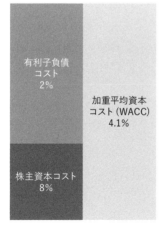

WACC：Weighted Average Cost
　　　of Capital

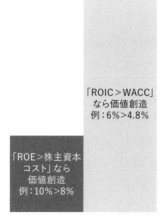

出所：筆者作成

投下資本（有利子負債＋自己資本）700 に対する利益は税引後営業利益です。ここでは税率を30％とします。

ROICは42／700 × 100 ＝ 6％です。

資産1100に対する営業利益は60なのでROAは5.5％です。なおROAのR（利益）は、営業利益以外にも経常利益、純利益などを用いる場合もあることに留意ください。純利益を分子にしたROAなら、

ROA ＝ 25／1100 × 100 ＝ 2.3％になります。

D．株主、債権者の期待するリターン ＝ 資本コスト

期待リターン＝資本コストです。同じことを企業から見れば「資本コスト」、株主や債権者から見れば「期待リターン」と呼びます。

有利子負債コスト、つまり銀行が求めるリターンは 2 ％なのに対して、株主が求めるリターン、つまり株主資本コストは 8 ％とずっと高くなっていることに留意してください。多くの企業の実際の株主資本コストも 8 ％程度と計測されています。

A のバランスシートに戻ると、有利子負債が450、自己資本は250なので、両者を次のように加重平均すると 4.1％がWACCと計算されます。

$$\text{WACC} = \frac{450 \times 2\%}{700} \times 100 + \frac{250 \times 8\%}{700} \times 100 = 4.1\%$$

加重平均　　　有利子負債　　　　株主資本
資本コスト　　コスト　　　　　　コスト

E．結局、どのように見たらいいか？

「**ROE ＞株主資本コスト**」または「**ROIC ＞ WACC（加重平均資本コスト）**」ならばその企業は価値を創造しているとみなされます。この対応関係はセットになっていることが重要です。

「ROE と WACC」「ROIC と株主資本コスト」を比べても、あまり意味はありません。

一般に株主資本コスト（株主が求める期待リターン）は８％程度なので、ROE は最低８％以上が必要だというメッセージを出したのが2014年「伊藤レポート」でした。

WACC は株主資本コストと有利子負債コストの加重平均で求められます。通常「株主資本コスト ＞有利子負債コスト」なので、WACC は８％より低くなります。

さらに有利子負債のウェイトが大きいほど、WACC は下がることに注目してください。

アップルなど本来は無借金経営ができるような優良企業があえて有利子負債を活用するのは、これによって WACC を下げる狙いがあるものと考えられます。

3 時価総額の大きさ・順位の変化に注目

時価総額でわかる企業の勢い

　上場企業であれば、毎日株式市場で株式の取引を通じて、株価、そして時価総額が変わります。

　両者の関係は次のように示されます。基本的に株価と時価総額はパラレルに動きます（株式分割などがあれば別）。

$$時価総額 ＝ 株価 \times 発行済株式数$$

　東証上場企業は約3800社あり、すべての上場企業の時価総額が毎日算出されます。Yahoo! ファイナンスや「日経電子版」のサイトなどでは時価総額ランキングを1位からほぼリアルタイムで確認することができます。

　企業の経営指標は無数にあります。売上、○○利益、ROE、総資産、営業キャッシュフローなどの財務指標をはじめ、近年では CO_2 排出量、女性管理職比率などの非財務指標も注目を集めています。

　星の数ほどある企業の経営指標の中で、私が企業の健康状態を最も端的に示す指標として最重点でウォッチしているのは時価総額です。

　時価総額（金額の大きさ・市場での順位）が時系列でおおむね順調に伸

びている会社は勝ち組、逆の会社は何かしら問題があると考えて差し支えありません。

上場企業なら時価総額、人間なら体重の水準・変化を見ているだけで、その健康状態がほぼ把握できるというのが私の考えです。

時価総額も株価と同様にさまざまな要因で動くので数日程度の期間では変動理由の解釈が難しいですが、数か月、１年単位、あるいは３年、５年、10年単位での時価総額の変動を調べると、環境変化に対応して売上・利益を大きく伸ばした企業の時価総額の大きさ・順位は上昇する一方、逆に競争力を失っていく企業の時価総額の大きさ・順位は下降していくという法則が明確に出ます。

10年の変遷を見ると……

次ページの図表15は2013年12月末時点の日本の上場企業ランキング20社の顔ぶれと、これら20社が10年前（2013年末）、5年前（2018年末）にランキング何位だったかの順位変化をまとめたものです。

時価総額の絶対的な大きさはその時々の株式相場の状況にも左右されますが、順位は相対的な強さ・ポジションを示すので、順位の変動で見るのもいいでしょう。

この表を見てどのような感想をもつでしょうか？

以前から「日本の上場企業のランキング上位にはあまり変動がない、何年たってもだいたい同じような顔ぶれの会社ばかりで新陳代謝のダイナミ

図表15 時価総額 上位20社ランキングの推移

2023年末	2018年末	2013年末	連続上昇	連続下降	企業名
1	1	1			トヨタ自動車
2	7	49	↑		ソニーグループ
3	3	8			NTT
4	6	30	↑		キーエンス
5	5	3			三菱UFJフィナンシャル・グループ
6	31	33	↑		信越化学工業
7	62	93	↑		東京エレクトロン
8	11	13	↑		ファーストリテイリング
9	9	9			KDDI
10	19	–			リクルートHD
11	17	23	↑		三菱商事
12	22	46	↑		任天堂
13	23	68	↑		オリエンタルランド
14	40	17			日立製作所
15	4	2		↓	ソフトバンクグループ
16	16	5			三井住友フィナンシャルグループ
17	37	44	↑		伊藤忠商事
18	32	74	↑		中外製薬
19	10	–			ソフトバンク
20	38	32			三井物産

出所：Yahoo! ファイナンスより筆者作成

ズムがない。米GAFAMのような革新的なサービスで急成長するような企業が出てこない」ということが指摘されています。

「そもそも地盤沈下の日本の株式市場には期待できない」という声もあるでしょう。

確かにこの表を見ていると、10年たってもランキングの激変はありま

せん。

　しかし個別に順位の変化を見ていくとこの10年で順位を上げた企業、下げた企業がどこか、つまり株式市場からみて成績が上がったか下がったかが如実にわかります。

　順位を上げた企業の代表がソニーグループで49位→7位→2位。2013年頃のソニーは苦境に陥っており、書店にはかつての栄光の時代から比べての苦境ぶりを嘆く本が多く並んでいました。今のソニーはかつてのエレクトロニクス中心の会社から、ゲーム・音楽・映画などハード・ソフト両面でエンターテイメント体験を提供する会社に変身することで純利益1兆円レベルをコンスタントに達成するまで、復活に成功しました。

　他には高収益・高年収で知られるようになったキーエンス（30位→6位→4位）、ユニクロの世界展開が進むファーストリテイリング（13位→11位→8位）などが順位を連続して上げています。

　一方で携帯キャリアからハイリスクハイリターンの投資会社に変質したソフトバンクグループ（2位→4位→15位）は連続して順位を下げています。

　またこの表には出ていませんが、楽天グループも同期間、43位→125位→127位と順位を下げています。

4 「PBR 1倍割れ」は 何が問題なのか

PBRとは何か

　ROEの低さなど世界の中で日本企業の「稼ぐ力」が弱いことはかねてから指摘されていましたが、2023年になって株式市場での大きなトピックになったのが、日本の上場企業の約半数がPBR 1倍割れです。**言い換えれば、企業の価値が解散価値を下回る、もっといえば上場している意味がない状態になっている現実がクローズアップされたのです**。

　PBRとは、「Price Book-value Ratio」の略で、株価純資産倍率のことです。

　PBR ＝ 株価 ÷ 1株あたり純資産（BPS = Book-value Per Share）

これに発行済株式数をかけると、

　PBR ＝ 時価総額 ÷ 純資産

とも表現できます。

　つまり時価総額を純資産で割った値がPBRです。こちらの式の方が直観的にわかりやすく計算しやすいので、私は日頃この式で見ています。

　この式からわかる通り、PBRは投資家からの評価である時価総額と密接に関わります。

なお PBR ＝ ROE × PER という定義式もあります。

PER は株価収益率、Price Earnings Ratio で、

　PER ＝ 株価 ÷ 1 株あたり純利益

です。この両方に発行済株式数をかけると、

　PER ＝ 時価総額 ÷ 純利益

とも表現できます。

PBR ＝ ROE × PER はすなわち

$$\frac{時価総額}{純資産} = \frac{純利益}{純資産} \times \frac{時価総額}{純利益}$$

となることを確認してください。

日本企業の ROE は上昇傾向にあるものの、PER が低迷していることが、次に見る PBR 1 倍割れにつながっています。

PBR 1 倍割れ問題

PBR 1 倍割れ問題がクローズアップされたきっかけは、2023 年 1 月に東京証券取引所が「市場区分の見直しに関するフォローアップ会議の論点整理（案）」を公表し、そこに以下のような強いトーンで PBR 1 倍割れについての問題提起を行ったことでした。

「（2022 年の市場再編は）全上場会社の約半数が PBR 1 倍割れの状況にメスを入れない限り意味がなく」

「特に、継続的にPBRが1倍を割れている（＝資本コストを上回る資本収益性を達成できていない）会社に対しては、改善に向けた方針や具体的な取組などの開示を求めていくべき」

「特に継続的にPBRが1倍を割れている場合など、明らかに改善が必要な会社に対しては（改善に向けた方針や具体的な取組などの）開示を強く要請」

ここで時価総額上位30社の中で、PBRがどのように分布しているか実際のデータを見てみます（図表16、2023年12月末時点）。

30社のうちPBRが最大なのはオリエンタルランドの9.72倍で、東京エレクトロン（7.71倍）、HOYA（6.99倍）、ファーストリテイリング（5.89倍）、中外製薬（5.73倍）、キーエンス（5.69倍）の6社が5倍以上。

これら6社の業績を見るとほとんどが営業利益率20〜30％台（キーエンスは約50％）で、ROEも20％台が多く、いずれも大変な高収益企業ばかりです。当然ですがPBRの高さは高収益性に裏打ちされていることがわかります。

つまりPBRの水準は企業に対する株式市場からのプレミアムの度合いを示します。PBR1倍割れということは、その会社はプレミアムがつくのではなく、ディスカウント評価されているということです。

2〜4倍台が8社。ソニーグループ（2.32倍）もここに含まれます。

1倍台は10社。東証プライム上場企業のPBR平均は1.28倍です（2023

図表16　時価総額上位30社 PBRの高い順（2023年末）

PBR（倍）	企業名	時価総額順位
9.72	オリエンタルランド	13
7.71	東京エレクトロン	7
6.99	HOYA	28
5.89	ファーストリテイリング	8
5.73	中外製薬	18
5.69	キーエンス	4
4.73	リクルートHD	10
4.66	第一三共	22
3.58	ソフトバンク	19
3.47	任天堂	12
2.81	信越化学工業	6
2.66	ダイキン工業	25
2.32	ソニーグループ	2
2.24	村田製作所	30
1.82	KDDI	9
1.74	日立製作所	14
1.65	JT	23
1.62	東京海上HD	24
1.61	伊藤忠商事	17
1.57	NTT	3
1.25	デンソー	26
1.13	三井物産	20
1.10	トヨタ自動車	1
1.07	三菱商事	11
0.94	ソフトバンクグループ	15
0.90	武田薬品工業	27
0.79	三菱UFJフィナンシャル・グループ	5
0.67	三井住友フィナンシャルグループ	16
0.64	みずほフィナンシャルグループ	29
0.58	ホンダ	21

出所：Yahoo! ファイナンスより筆者作成

年末)。時価総額日本最大のトヨタ自動車も1.10倍といわば「合格点ギリギリ」であることには意外感を持つ人が多くいます。

　問題視される1倍割れは6社。うち3社がメガバンクです。

　このように3大メガバンクはじめ、誰もが知る有名企業でもPBR1倍割れが珍しくないことがわかります。

「PBR1倍割れ」が買われる理由

　東京証券取引所の問題提起をきっかけに大きな話題となり、PBR1倍割れが常態化している会社は、好むと好まざるとにかかわらず、新経営計画の策定やアナリスト向け決算説明会などの場で何らかの対応策を打ち出すことを迫られるようになりました。

　PBR1倍割れは本来、よくない企業の症状ですが、株式市場ではそうした会社は東京証券取引所などからの「強い要請」を受けて、今後経営改革が進むのではという思惑から買われ、株価が上昇（PBR1倍に近づくか1倍を超える）するケースも見られています。

　先に「PBRの水準は企業に対する株式市場からのプレミアムの度合いを示します」と書きました。

　PBR（時価総額／純資産）ほど有名ではありませんが、私は「時価総額／売上」比率も、企業の実力を一目で見るためによく用います。PBR同様、この比率が数倍程度に高い企業は例外なく収益性が高い、1倍割れする企業の業績はさえない、という関係が明白になるので便利な指標です。

5 統合報告書の広がり

企業の新たなコミュニケーションツールに

　「統合報告書」の活用が広がっています（名称は他に、統合レポート、アニュアルレポートなどもあり）。

　KPMGジャパンの調べによると、2022年の発行企業等は884にのぼりました。東証プライム上場企業のうち、統合報告書発行企業の時価総額は83%を占めるまでになりました。

　時価総額の大きい有力企業にとって、統合報告書はこれまでのIR資料（有価証券報告書、決算短信、決算説明会資料など）と並ぶ、投資家・ステークホルダーとの有力なコミュニケーションツールになっています。

　統合報告書は投資家だけが使うものではありません。

　最近では、一橋大学や同志社大学など授業の教材に統合報告書を使う大学や、就活時の面接対策や企業理解を深めるために統合報告書を読みこむ学生も出てきています。

　私自身もここ2、3年ほど気になる会社についてを、数字以外のことも含め深く知るには統合報告書を見るのが一番だと実感するようになり、多くの会社の統合報告書に目を通すようになりました。

統合報告書とは何か？

　簡単にいうと、**財務情報（決算数値が中心）と非財務情報（戦略、ESG 対応など）を統合したレポートです**。

　代表的な財務情報である決算短信や有価証券報告書はフォーマットが決まっており、直近の決算数値が中心に記載されています。決算説明会資料は各社が独自にパワーポイントでビジュアル的にわかりやすい資料を作成していますが、やはり直近の決算数値の説明が中心です。これらはいわば「規定演技」の世界です。

　それに対して統合報告書は、およその雛型はあるものの基本的には「自由演技」の世界です。各社ごとの個性・強みや課題が主に定性的に表現されているので数字（財務データ中心）と合わせて読むとその企業を一層深く理解することができます。

　統合報告書は「自由演技」の世界ですが、国際統合報告評議会（IIRC）が発表した「国際統合報告フレームワーク」や経済産業省が提唱する「価値協創のための統合的開示・対話ガイダンス」などが雛型とされています。

　統合報告書では以下のような、これまであまり聞きなれない概念の言葉もたくさん出てくるので、初めて読む人は戸惑うかもしれません。

●価値創造プロセス
　（インプット→事業活動→アウトプット→アウトカム）

●マテリアリティ（重要課題）

●6つの資本

　（財務資本、製造資本、知的資本、人的資本、

　　社会・関係資本、自然資本）

まずは、この4か所を読んでみよう

　統合報告書は情報の宝庫ですがページ数も多く、企業によって差はありますが、平均すると100ページ近いものが中心です。

　そうした中で統合報告書の特にどこを見たらいいか、おすすめするのが以下の4か所です。

①（表紙をめくった次かその次の見開きページ）

　会社の理念・ビジョン・ミッションが端的に示されている。

　歴史をふまえることも多い。

②（前段）

　「価値創造プロセス」（企業によって名称はさまざま）。

　先にあげた雛型を踏まえ、エッセンスは見開き2ページで示されることが多い。

③（中段）

　事業の特徴、中期計画で目指す姿など。

　やはり見開き2ページでエッセンス表現。

④（後段）

　ESG対応。重視する非財務指標も記載されることが多い。

　エッセンスは見開き２ページが多い。

　会社によって構成に違いはありますが、上記４か所に絞って見るだけでもその会社の個性・目指す姿、課題認識がクリアにわかります。

　私はある企業の部長研修で、その会社および競合企業数社の統合報告書の上記４ポイントだけを抜粋して見てもらったところ「資料の見せ方を含め、各社の特徴、性格の違いがよく反映されている」という感想を受講者からもらいました。

　統合報告書の歴史はまだ浅く、作成する各社とも手探りの作業が続く中、優れた統合報告書を選定して表彰する試みも行われています。

　日本経済新聞社が主催する「第２回日経統合報告書アワード」では2022年のグランプリに伊藤忠商事、オムロン、レゾナック・HD（旧昭和電工）の３社が選ばれています。

クイズ 1　株価が高い方がいい会社?

今、A社の株価は500円、B社の株価は1000円です。

どちらの方がいい会社でしょうか?

1　A社

2　B社

3　判断できない

クイズ**1**　回答

　正解は「**3**　判断できない」です。

　私がこれまで研修や講義でさまざまな受講者にこの質問をすると、けっこうな確率で「株価は低いより高い方がいいから、Ｂ社の方がいい会社といえる」と返ってきます。

　ビジネス経験のない学生だけでなく、上場企業の部長研修でも、その会社より競合企業の株価の方が高いので、「投資家からの我が社の評価は競合企業より低い」と言う人も少なからずいます。

　しかし、このような認識は間違いです。

　かつては株式を発行する際に、1株あたりの額面を定める必要があり、これをベースとして株価から企業の価値を判断することができました。しかし、2001年の商法改正で上場企業の株式はすべて無額面となりました。投資家に株式を買ってもらいやすくなるよう、分割して1株あたりの値段を下げる施策も積極的にとられています。

　そのため今は株価の高低だけでいい企業かどうかを判断することはできません。

　重要なのは時価総額です。時価総額の高い順に株価がランキング表示されているサイトを見てください。時価総額と株価にはまったく関係がないことがよくわかるはずです。

クイズ **2** 人的資本開示で、新たに義務付けられた指標はどれ？

　2022年頃から「人的資本」というキーワードを目にすることが増えてきました。伝統的な会計の考え方では、従業員は企業にとってコストである給与を支払う対象とみなされていますが、そうではなく、優れた従業員こそが企業の価値の源泉ではないかという見方が広がっているのです。

　こうした流れを受けて2023年3月期の有価証券報告書では、人的資本の開示が開始されました。

　新たに開示が義務付けられた指標は次のうちどれでしょうか？（複数回答可）

> 1　従業員のエンゲージメント（熱意、やる気）調査結果
>
> 2　男女間賃金格差
>
> 3　女性管理職比率
>
> 4　外国人従業員比率
>
> 5　男性育児休業取得率

クイズ2　回答

　2023年3月期の有価証券報告書から開示が義務付けられたのは、「2　男女間賃金格差」「3　女性管理職比率」「5　男性育児休業取得率」の3つです。

　どの上場企業でもかまわないので、分厚い有価証券報告書の最初の方にある「5【従業員の状況】」を見てみてください。この（4）番目に上記3項目の数値が記載されているはずです。

　最初の開示義務項目に選ばれた3項目を見ると、男女間の格差についての問題意識が背景にあることがうかがえます。

　2023年は人的資本開示元年となりましたが、今後は開示項目の拡充、数値の改善目標の説明など拡大していくことが予想されます。

クイズ**3**　外国人投資家の影響力

　日本の株式市場で取引を行っているのは日本人だけではありません。

　東京証券取引所で年間の株式の売買（フロー）、保有（ストック）における、外国人投資家の比率はどれくらいでしょうか？（東京証券取引所、2022年度のデータに基づく）

> **1**　売買：7割、保有：3割
> **2**　売買：5割、保有：4割
> **3**　売買：4割、保有：2割

クイズ**3**　回答

　正解は「**1**　売買：7割、保有：3割」です。

　このように、日常の株式売買ではもはや外国人が圧倒的な主役になっているのです。年度末の時価総額ベースの保有でも3割が外国人で、他の主体（機関投資家、事業法人など）を抑えてトップに立っています。なお「会社四季報」ではすべての企業欄に外国人持ち株比率が記載されています。

　外国人投資家（年金基金などが代表的）は一般に、投資先企業へのしがらみが薄く、企業に対してリターンを高めるような経営改革を求める傾向が強くなりがちです。

　また、ESG投資やサステナビリティ重視など世界の新しい潮流にも敏感です。

　日本企業の経営者には、好むと好まざるとにかかわらず、上述のように持ち株比率を高める外国人投資家に向きあう経営の舵取りが求められています。

6章

会計数字と事業を関連付けて読み解くスキル

1 数字の大きな変化を どう読み解く?

中長期のデータを比較する意味

　上場企業の財務データは四半期ごとに決算発表が行われ、数字が新しくなっていきます（一部の業種では月次ごとに主要事業の売上や客数などを開示する）。それとともに時系列の数字変化を見ていくとさまざまな発見があります。

　企業の財務データなどはある四半期だけ、あるいは1年（1期）分を見ても、その意味はよく理解できません。新聞やテレビの決算発表ニュースでもせいぜい前年との比較、翌年の見込みくらいしか取り上げられません。**しかし意味のある解釈をするためには最低でも過去3年の時系列分析が必要と私は考えています。**できれば5年から10年の中長期時系列データを見ると、さまざまな発見があります。

- ●この指標は数年たってもあまり変わらない
- ●この指標が漸減している
- ●この指標が急伸している
- ●過去5年／10年で利益率が10％以上になったことは一度もない
  （だから目標に「利益率10％以上」を掲げても投資家から信用されな

　いのでは？）

などの気づきがあります。

数字の変化の原因を読み解く

　数字の大小、増減、比率の高低などは今ではネットで調べれば誰でもすぐにわかりますが、コンサルタントに求められるのは、たとえば「なぜ自己資本比率がずっと低下傾向にあるのか」「なぜROEがずっと低迷しているのか」「なぜ○年だけキャッシュフローの動きが異常なのか」などを、数字の変化の背景にある事業活動の変化と関連付けて解釈し、次に必要なアクションをクライアントに示すことです。

　この数字の変化をどのように解釈するかは、最初は難しいかもしれません。多くの企業の数字に触れる、言い換えれば場数を踏むことが必要になりますが、たとえ経験が浅いコンサルタントだとしても、「こういう理由ではないか」という仮説をもって検証することが大切です。

　もし自己資本比率がずっと下がっていれば、長期にわたって純利益がマイナスになっている可能性が高い。ROEが低ければ因数分解して、どこに主要な原因があるのかをつきとめる。投資キャッシュフローが大きなマイナスということは大規模なM&Aか大型設備投資を行ったのではないか──こういった仮説をもって検証していくことになります。

　最初に立てた仮説を他のコンサルタントや、クライアントにぶつけてみ

て妥当性を確認したり、あるいは自分の足で店舗を回って見たり、顧客調査によって当否を検証するといった作業が必要になることもあります。

　医師が患者の検査結果を数値やエックス線画像で確認し、症状を診断すると「この数値がこうで、画像がこうなのだから、○○症の可能性が高い、それならば必要な治療方針はこうしよう」あるいは「○○症の可能性があるが、まだ判断しかねるから追加で別の検査をする」というのと近いイメージです。

　本章では４社のケースを扱います。与えられた４社のデータを見て、①どの指標が大きな動き（異常な動き）をしているか、②それはなぜか、の仮説をまずはご自身で立ててみてください。

2 東京ディズニーリゾートのケース

　150ページの図表17は、東京ディズニーリゾート（東京ディズニーランド、東京ディズニーシー）を運営するオリエンタルランドのコロナ禍前後の主要数値の推移をまとめたものです。

　この表をよく見たうえで、コロナ禍前後で東京ディズニーリゾートを訪れたユーザーにはどのような変化が生じたといえるか、仮説を立ててみてください。

　自分なりの仮説は立てられましたか？

どの指標が異常な動きか

　まずコロナ前（おおむね2020年3月期まで）の4年間の東京ディズニーリゾートは、入園者数約3000万人強、客単価1万2000円弱で安定していたことがわかります。

　コロナに禍によって4か月間の入園完全中止・その後も入場制限がかかり、入園者数は激減したことは数字によく表れています。コロナ禍1年目の2021年3月期の入園者数は756万人とそれまでの実に4分の1にまで激減しました。その後、徐々に入園者数は回復しつつあります。ここまでは想定内の数字の変化といえます。

　注目されるのは、コロナ禍前は1.1万円台で安定していた客単価が2021年3月期以降、1.3万円台→1.4万円台→1.5万円台と上昇を続けていることです。

どう解釈したらいいか

　客単価の上昇はどのように解釈したらいいでしょうか？

　表にあるように、客単価の内訳は①チケット、②商品（グッズ）、③飲食の3つです。コロナ前から客単価が約4000円も上昇したうち、チケット価格で約2000円上昇、商品と飲食で合わせて約2000円の価格上昇になっていることがわかります。

　チケットについては、この間に値上げした影響もあります。同期間の値

図表17　東京ディズニーリゾート 主要指標の推移

	2017年3月期	2018年3月期	
ゲスト入園者数（万人）	3,000	3,010	
ゲスト入園者数1人あたり売上（円）	11,594	11,614	
うち、チケット収入（円）	5,264	5,339	
うち、商品販売収入（円）	4,074	3,989	
うち、飲食販売収入（円）	2,256	2,286	

上げを調べると大人（18歳以上）の1デーパスポートは2020年4月（最初の緊急事態宣言が発出）に7500円から8200円に、2021年3月からは8200円〜8700円（変動価格制）に、その後も変動価格制がとられています。

　しかし表にあるチケット代の上昇は、値上げ率以上の動きを示しているので、その理由を探る必要があります。チケット代の値上げ以上にチケットの単価が上がる理由としては、客単価の高い大人（18歳以上）の比率が上がり、客単価の低い中人（12〜17歳）、小人（4〜11歳）の比率が下がったためと仮説を立てることができます。

　オリエンタルランドがIR資料で開示している年代別来園者比率の数値は、コロナ禍前に30%近かった4〜17歳の比率は、コロナ禍直撃の2021年3月期には19.0%に急落、その後徐々に回復していることがわかります。

	2019年3月期	2020年3月期*	2021年3月期*	2022年3月期	2023年3月期
	3,255	2,900	756	1,205	2,208
	11,815	11,606	13,642	14,834	15,748
	5,352	5,292	6,538	7,049	7,821
	4,122	3,877	4,122	4,548	4,822
	2,341	2,437	2,982	3,237	3,105

＊コロナ禍で2020年2月29日から6月30日まで4カ月間完全休園　　出所：IR資料より筆者作成

　その背景には、コロナ禍で親世代には「こんな危ない時期に子供を連れてディズニーには行けない」、また中高校生世代の友人同士でも「今の危ない時期はディズニーに行くのはやめておこう」という心理が働いたのではと思われます。

　このようにチケット代の上昇は、①値上げ、②客単価の低い17歳以下の入園者比率の減少で説明がつくと考えられます。

　商品と飲食代金の上昇については、「コロナ禍の中、やっとディズニーに来ることができた。でも次はまたコロナ再拡大で入場制限がかかり、いつ来れるかわからないから今日はいつもよりお金を使ってできるだけ楽しもう」という顧客心理が働いたのではとの仮説を立てることができます。

　実際のところは、ディズニーファンを集めたインタビューなどを行い、この仮説の妥当性を検証していくことが必要になります。

3 近鉄グループHDのケース

次もコロナ禍が関わる数字の変化をどう見るかについてのケースです。

図表18には近鉄グループHDの最近数年間の売上と利益の推移をまとめています。

同社はコロナ禍前にはおよそ売上1.2兆円、営業利益数百億円の企業でした。コロナ禍により2021年3月期と2022年3月期は、売上がコロナ前から4割以上落ち込み7000億円以下に、また営業利益は出るか出ないかという水準にまで落ち込み、深刻な打撃を受けたことがわかります。

ここまでは他の鉄道各社の業績も同様の動きをしているので、常識的な範囲の変化ととらえて違和感はないと思います。

どの指標が異常な動きか

しかし2023年3月期の売上は1.5兆円以上と前年の7000億円弱から実に2.3倍以上に膨らみ、コロナ以前の売上・利益をも大きく上回る数字をたたき出しました。近鉄グループHDにいったい何が起きたのでしょうか？

どう解釈したらいいか

同社の事業についてくわしくない人でも、可能性としては①鉄道事業が

図表18　近鉄グループ HD 主要指標の推移

単位：億円

	2019年3月期	2020年3月期	2021年3月期	2022年3月期	2023年3月期
売上	12,369	11,942	6,972	6,915	15,610
営業利益	677	493	▲621	38	671
純利益	359	205	▲601	427	887

出所：IR資料より筆者作成

大きく回復した、②流通、不動産など非鉄道事業が大きく回復した、などの可能性をあげることができると思います。しかしわずか1年でそこまで鉄道事業、非鉄道事業が大きく回復するというのも現実味がありません。

　そうすると別の可能性として、③大きなM&Aを行ったのではないかという可能性を検討する必要があります。

　正解は「③大きなM&Aを行った」です。①（鉄道事業）も②（非鉄道事業）も増収要因ですが、③（M&A）が圧倒的に高いので、正解を一つ選ぶのであれば③です。

　一般に、近鉄グループHDのような1兆円クラスの大企業の売上が、1年で1兆円規模で増収となる要因は、M&A以外まず考えられません。

　通常、大企業が大規模なM&Aを行えば「日本経済新聞」などのメディアで大きなニュースとして取り上げられます。

　しかし近鉄グループHDがそんな大きいM&Aをしたニュースを私は聞いたことがなかったので、不思議に思い調べたところ、2022年8月にそれまで47%出資し持分法適用会社としていた近鉄エクスプレス（物流会

社）を完全子会社（100％出資）化しており、同社の売上約1兆円が近鉄グループHDの売上に上乗せしてカウントされることになったためとわかりました。

つまり近鉄グループHDがもともと47％出資していた近鉄の名を冠するグループ会社を完全子会社化したため、あまりニュースにはならなかった、ということです。しかし、このM&Aによって近鉄グループHDの収益構造は大きく変わることになりました。

2023年3月期の売上1兆5610億円のうち、子会社化した近鉄エクスプレス分に相当する「国際物流セグメント」が7100億円を占めます。つまり近鉄エクスプレスの買収・子会社化がなければこの年の売上は約8500億円と、コロナ前（約1.2兆円）にまだまだ届かない状態だったことがわかります。

近鉄グループHDが近鉄エクスプレスを子会社化した理由は、それまでの事業（鉄道・バス、不動産、流通、ホテル・レジャーなど）はすべて消費者向けの事業だったためコロナ禍で総崩れになってしまったからです。

この反省を受け、企業向けビジネス主体の近鉄エクスプレスをグループ内に取り込むことで今後の大きな環境変化への耐性をつけることを狙った、と統合報告書などで説明されています。

4 アサヒグループHDのケース

　次ページの図表19は、アサヒグループHDのキャッシュフロー計算書に関わる数値の変化だけを抜粋してまとめたものです。

　アサヒグループHDは2015年から2022年の間で何をしたのか、このキャッシュフロー計算書の内容から仮説を立ててみてください。

どの指標が異常な動きか

　この8年間で営業キャッシュフローは2000億円台のプラスがほぼ継続しており、かつ増額傾向にあるので、本業では毎年順調にキャッシュが入ってきていると判断できます。

　投資キャッシュフローと、財務キャッシュフローの動きはどうでしょうか？

　このような数字を見る際には、毎年の細かな変化でなく、例年と比べて大きく変動した異常値がないかどうかを探すのがポイントです。

　「異常値」に着目すると2017年12月期と2020年12月期の2年の投資キャッシュフロー、財務キャッシュフローの数字が、例年と大きく異なっていることに気づくはずです。

　●投資キャッシュフローは例年なら数百億〜1000億円程度のマイナス

図表19　アサヒグループ HD キャッシュフロー指標の推移

	2015年12月期	2016年12月期	2017年12月期	
営業キャッシュフロー	1,127	1,544	2,317	
投資キャッシュフロー	▲755	▲2,685	▲8,858	
財務キャッシュフロー	▲730	1,195	6,618	
期末現金	432	484	580	

　が標準だが、この2期間のみ、1兆円前後の大きなマイナス（資金流
　出）になっている

●財務キャッシュフローは例年ならプラス、マイナスにせよ数百億～
　1000億円程度が標準だが、この2期間のみ、6000億円以上～1兆円
　近いプラス（資金流入）になっている

どう解釈したらいいか

　2017年と2020年にアサヒグループHDは1兆円近い巨額の資金調達（財
務キャッシュフローのプラス）を行い、同時に1兆円前後の大きな投資（投
資キャッシュフローのマイナス）を行ったということです。

　**これはアサヒグループHDがこの2期間に、巨額のM&Aを行ったこと
を示します。**

　2017年には西欧および東欧、2020年には豪州のそれぞれ有名ブランド
をもつビール会社を相次いで買収したことが、キャッシュフロー計算書に

単位：億円

	2018年12月期	2019年12月期	2020年12月期	2021年12月期	2022年12月期
	2,524	2,534	2,758	3,378	2,659
	225	▲1,036	▲12,433	▲143	▲691
	▲2,705	▲1,588	9,567	▲3,203	▲2,195
	573	484	484	527	374

出所：IR資料より筆者作成

反映されているのです。

　買収した会社の主要ブランドは西欧ではイタリア「ペローニ」、オランダ「グロールシュ」、東欧ではチェコ「ピルスナーウルケル」、豪州では「カールトン」など世界的に有名なものが中心です。

　近年日本企業も大型のM&Aを手掛けることが珍しくなくなりましたが、大型M&Aを行う会社のキャッシュフロー計算書には必ず、

●財務キャッシュフローが大きなプラス
　（銀行から巨額のM&A資金を借り入れる）
●投資キャッシュフローが大きなマイナス
　（借り入れた資金を対象企業の株式取得にあててM&Aを行う）

という動きが出ます。このアサヒグループHDのキャッシュフローの動きはその典型例です。

5 日本郵船のケース

　図表20には海運最大手、日本郵船の直近数年間の売上・利益の推移をまとめています。

　どこに数字の異常な動きがあり、それはなぜかを考えてみてください。

どの指標が異常な動きか

　この表の数字のどこが異常な動きなのでしょうか？

　私はこれまで長年にわたり、さまざまな業種、企業の決算データを数多く見てきましたが、このようなパターンの数字は見た記憶がありません。それほど日本郵船の数字には「異常さ」が際立っています。

　2020年3月期までは、利益が低水準にとどまっていることを別にすれば、特段異常な動きは見られません。

　2021年3月期には営業利益は変わらず低水準なのに対して経常利益が5倍近く伸びていることに注目してください。経常利益が大きく伸びたため、営業利益との大きな乖離が目立ったのがこの2021年3月期です。このときの経常利益2153億円は営業利益715億円の3倍に達しています。

　一般に、両者にここまで大きな乖離が発生することはありません。

　さらに2022年3月期、2023年3月期は、営業利益も2000億円台に伸ばしていますが、それ以上に経常利益と純利益が文字通り爆発的に急増し、

図表20　日本郵船 主要指標の推移

単位：億円

	2019年3月期	2020年3月期	2021年3月期	2022年3月期	2023年3月期	2024年3月期 会社予想
売上	18,293	16,683	16,084	22,807	26,160	22,800
営業利益	110	386	715	2,689	2,963	1,650
経常利益	▲20	444	2,153	10,031	11,097	2,350
純利益	▲445	311	1,392	10,091	10,125	2,200

出所：IR資料より筆者作成

ともに1兆円の大台にのせています。

　それまで日本企業で純利益1兆円を達成したことがあるのはトヨタ自動車、ソニーグループ、三菱UFJフィナンシャル・グループ、ソフトバンクグループ、NTTに限られていました（2023年3月期には三菱商事、三井物産も1兆円超え）。

　それまで決して「儲かる会社」という印象のなかった日本郵船が突如として、しかも2年連続で1兆円の純利益をたたき出したことは驚きをもって迎えられました。

どう解釈したらいいか

　この異常なほどの経常利益・純利益の伸び（営業利益と大きく乖離）の解釈をする前に、営業利益と経常利益の関係についておさらいしておきます。

　日本の会計基準では営業利益に「営業外収益」を足し、「営業外費用」

を引いたものが経常利益です。

経常利益が営業利益を大きく上回ったということは、「営業外収益」が大きく膨らんだからにほかなりません。

膨れあがった営業外収益は具体的には「持分法投資利益」です。

「持分法投資利益」は少額出資（原則20％以上50％未満）する会社があげた利益を、出資比率に応じて連結決算に取り込むものです。

日本郵船をはじめとする海運3社は各々のコンテナ船事業（世界の主要な港を結ぶ定期航路を運航）を統合し、Ocean Network Express（オーシャン ネットワーク エクスプレス、通称ONE）という別会社にしました。出資比率は日本郵船38％、商船三井31％、川崎汽船31％で2018年4月から営業を開始しました。

2020年頃から世界で猛威をふるったコロナ禍による物流網の混乱と、その後の「巣ごもり需要」の増大でコンテナ船の運賃は高騰し、ONEの収益は爆発的に伸びました。このため、ONEに出資する日本郵船などの「持分法投資利益」が激増し、営業利益と経常利益は大きく乖離することになったのです。

繰り返しますが「持分法投資利益」は営業利益には反映されません。営業外収益として翌期の経常利益、ひいては純利益には反映されるため、両者の大きな乖離が生じたのです。

日本郵船の2022年3月期、2023年3月期は営業利益2000億円台で、それに営業外収益8000億円程度が上乗せされて経常利益が1兆円になり

　ましたが、2年とも営業外収益のうち実に97％はONEの利益を取り込んだ「持分法投資利益」でした。

　ここでは日本郵船の数字を見ましたが、ONEに出資する商船三井、川崎汽船も見事に同じような数字の変化をたどっています。

　2022年3月期、2023年3月期にかけて商船三井は営業利益500億〜1000億円台に対して経常利益は7000億〜8000億円台、川崎汽船は営業利益数百億円に対して経常利益は6000億円台と、ともに営業利益と経常利益に大きな乖離が生じました。

　物流の混乱やコロナ禍も落ち着いてきた2024年3月期には両者の乖離はだいぶ小さくなることが見込まれています。海運各社にとって、コンテナ船事業の運賃高騰による果実は2、3年程度続いた一時的な特需だったとみることができます。

おわりに

会計・ビジネス数字センスを磨くための3つの方法

　ここまで、「6つのスキル」を詳細に解説してきました。本書の締めく くりとして、私自身が長らく会計・数字のセンスを磨くためにいつもやっ ていることを3つ、紹介しておきましょう。

1　「日経電子版」「四季報オンライン」を常にチェック

　「日経電子版」は、その名の通り「日本経済新聞」の電子版で、紙の新 聞とは違い、随時ニュースが更新されます。

　東洋経済新報社の「会社四季報」は年4回（3月、6月、9月、12月） に全上場企業3800社の会計数字などが掲載される情報誌で、やはりオン ライン版があります。

　「会社四季報」というと「株をやっている人が読むもの」という印象が ありますが、世の中にどんな上場企業があって、業績が伸びているのか、 そのビジネスモデルはどうなっていて、財務パフォーマンスにどのように 反映されているのかがわかる、投資家以外のみなさんにとっても便利な ツールです。

　「日経電子版」にも上場会社の情報を掲載したコーナーがあります。ど んな事業をやっている会社か、財務3表の数値はどうなっているか、時価

総額は……といった、本書で取り上げた情報は、「日経電子版」や「会社四季報」で得ることができます。

　これらに掲載されている情報は、実は半分以上が文字（定性）情報です。まずは文字情報を追うだけでもさまざまな発見があり、数字の見方も変わってくるはずです。

　「日経電子版」も「会社四季報オンライン」もスマホから、テレビニュースやＣＭで気になった会社や街を歩いていて気になった会社の数字をすぐにチェックできて便利です。

2　テレビの経済系番組

　経済系番組ではテレビ東京系列で「WBS（ワールドビジネスサテライト）」「ガイアの夜明け」「カンブリア宮殿」などが知られており、視聴しているビジネスパーソンも多いことでしょう。最近では「テレ東BIZ」など、ネットの解説情報も充実しています。

　TBS系列で毎週日曜朝に放映される「がっちりマンデー!!」もおすすめです。毎回さまざまな切り口で、話題のビジネスや企業を取り上げ、その「儲け方」、言い換えるとビジネスモデルをわかりやすく面白く伝えてくれます。バラエティ番組なので、なんの気負いもなく楽しみながらビジネスセンスを磨くことができます。

　速報性が高く、深い分析のあるテレビ東京系列の番組と、バラエティの「がっちりマンデー!!」をあわせて見ると、より多角的な視点からニュース

がわかるようになるはずです。

3　話題のヒット商品・流行ものは自分で試してみる

　「流行もの」「話題の商品・サービス」は、自分の現在の仕事に関係ある
かどうかにかかわらず（関わりがあればなおのこと）、実際に自分で試し
てみるようにするといいでしょう。自分で経験してみると、「へー、便利
だなあ、これはウケるはずだな」「話題になっている割に操作が面倒、こ
のままではユーザーが広がらないかも」など、自分なりの感想をもつこと
ができ、ビジネスモデルへの嗅覚を鋭くすることにつながります。

　ネットサービスは、スマホさえあれば簡単に自分で体験することができ
ますが、不動産や店舗などのリアルビジネスでは、実際にその場に足を運
んで、立地環境やどんな年齢層の人の出入りが多いのかなどを自分の目で
見て「実感」することが必要です。ネットや文献情報だけではわからない
「空気感」がつかめるようになります。

　自分の目と足を使うことで、業界の勢力図が見えてくることもあります。

　私は最近、スニーカー（シューズ）業界について調べることがありまし
た。それまでこの業界の知識はまるでなく、ネットで調べても業界勢力図
がどうなっているかわからなかったのですが、各社のシューズのデザイン
の特徴を頭に入れたうえで街行く人の足元をしばらく見続けていると、ナ
イキが明らかにトップシェアで、他にはアディダス、ニューバランス、
VANS、アシックス、プーマなどの数社で市場のかなりの割合を占める、

比較的上位集中度の高い業界である、という構造が見えてきました。

　消費者向けの商品・サービスなら自分で利用することは容易ですが、企業向けのビジネスだとなかなか実感することが難しいでしょう。このようなときは、会社のホームページに掲載されている製品・サービス案内、IR情報などに頼ることになります。企業によっては専門外の人にもわかりやすいように「個人投資家向け」コーナーを設けているところもあります。

　私の所属する会社では、コンサルタントは「現地・現物」を重視すべし、という教えがあります。ネット・文献情報だけに頼らずに実際に現地・現物を確認することが重要というのはコンサルティングの仕事以外でもあてはまることではないでしょうか。

筆 者 紹 介

長谷川正人（はせがわ・まさと）

野村総合研究所コンサルタント。日本証券アナリスト協会認定アナリスト。滋賀大学大学院客員教授（2009年〜現在）。日経CNBC「けいざい豆知識！『イチマメ』」にてビジネス、会計・財務分野の解説者（2014年〜2016年）。
早稲田大学政治経済学部卒業、野村総合研究所入社。市場調査業務、証券アナリスト業務、経営コンサルティング業務、財務研修講師業務などに従事し、会計・財務研修を大手企業ビジネスパーソン、野村総合研究所の新人コンサルタントや学生向けに数多く展開。

著書に『テキストには書いていない決算書の新常識』『ヤバい決算書』『コンサルタントが毎日やっている会計センスの磨き方』（いずれも日本経済新聞出版）などの会計関連書多数のほか、趣味のビール缶コレクションをまとめた『日本ビール缶大全』（辰巳出版）がある。

ビジネス数字思考トレーニング
コンサルタントが必ず身につける定番スキル

2024年3月18日　第1版第1刷発行

著　者	長谷川正人 ©Masato Hasegawa, 2024
発行者	中川ヒロミ
発　行	株式会社　日経BP
発　売	株式会社　日経BPマーケティング 〒105-8308　東京都港区虎ノ門4-3-12 https://bookplus.nikkei.com
装　丁	山之口正和(OKIKATA)
本文デザイン	野田明果
本文DTP	朝日メディアインターナショナル
印刷・製本	中央精版印刷株式会社
編集担当	三田真美・赤木裕介

ISBN978-4-296-00187-3
Printed in Japan